聊城大学学术著作出版基金资助
聊城市羡林学者青年计划资助
山东省高等学校青创科技支持计划(2021RW031)
山东省重点研发项目（软科学项目）（2022RKY01
聊城大学博士科研启动项目（321052113）

经济管理学术文库·管理类

CEO权力与财务困境化解研究

Research on CEO Power and Financial Distress Resolved

赵耀腾／著

经济管理出版社
ECONOMY & MANAGEMENT PUBLISHING HOUSE

图书在版编目（CIP）数据

CEO 权力与财务困境化解研究/赵耀腾著 . —北京：经济管理出版社，2022.9
ISBN 978-7-5096-8735-2

Ⅰ.①C…　Ⅱ.①赵…　Ⅲ.①上市公司—财务管理—研究　Ⅳ.①F276.6

中国版本图书馆 CIP 数据核字（2022）第 177541 号

组稿编辑：张　昕
责任编辑：张　昕
助理编辑：姜玉满
责任印制：黄章平
责任校对：董杉珊

出版发行：经济管理出版社
　　　　　（北京市海淀区北蜂窝 8 号中雅大厦 A 座 11 层　100038）
网　　址：www.E-mp.com.cn
电　　话：（010）51915602
印　　刷：唐山玺诚印务有限公司
经　　销：新华书店
开　　本：720mm×1000mm/16
印　　张：12.5
字　　数：203 千字
版　　次：2022 年 11 月第 1 版　　2022 年 11 月第 1 次印刷
书　　号：ISBN 978-7-5096-8735-2
定　　价：98.00 元

前　言

　　上市公司的股票被实施特别处理（ST）是其陷入严重财务困境的典型表现之一，在公司陷入财务困境状态之后，如何尽快化解困境成为首要课题。上市公司通常无法控制在经营过程中所遇到的外部影响因素，但是能够尽可能地利用制定内部预防措施和调整战略方向等方法应对外部因素的负面冲击，此时能够起到关键作用的是公司内部核心高管人员，而首席执行官（CEO）作为企业的灵魂人物，更是起到了举足轻重的作用。具备某一领域专业能力的 CEO 能够对影响企业生产经营的因素进行提前预判、制定预备方案和及时调整战略规划等，而 CEO 发挥其能力并显著影响企业经营绩效和战略实现的主要途径就是行使管理权力。本书在文献综述部分详细梳理和分析了 CEO 权力和财务困境化解的相关研究文献，发现国内关于财务困境化解的研究数量不多且内容不深，同时也缺乏从 CEO 权力角度进行的研究。另外，部分文献对于 CEO 权力变量的定义和量化不清晰，且理论研究的出发点也相对单一，这些发现也为本书的研究提供了部分方向。

　　本书以三年期作为股票被实施特别处理上市公司的观察期，使用截至 2018 年底的数据，所以能够观测到中国 A 股 2006—2015 年被 ST 的上市公司化解困境的情况。根据 Finkelstein（1992）提出的四维度衡量法，CEO 权力的来源分为结构性权力、所有者权力、声望权力和专家权力，将这些维度的管理权力进行整合得到 CEO 综合权力。另外，基于异常薪酬量化出异常 CEO 权力，由此按照具体含义的不同对 CEO 权力进行分类研究。首先，本书研究了不同类型 CEO 权力对财务困境化解影响的总效应，财务困境化解的衡量范围包括恢复概率、恢复速度和成长能力回升。其次，本书进一步研究了企业全要素生产率在 CEO 权力影响财务困境化解过程中的中介效应。再次，企业内部控制制度能够优化和制约高管人员权力的行使，所以本书研究了企业内部控制水平在 CEO 权力影响财务困境化解过程中的调节作用。最后，根据本书的研究结论有针对性地提出了相应的政策建议。

本书主要得出了以下结论：第一，不同类型的 CEO 权力对财务困境化解的影响效果不同。对于股票被实施特别处理的上市公司而言，CEO 综合权力越大，上市公司化解财务困境的概率越大，化解财务困境的速度越快，并且 CEO 综合权力与上市公司成长能力的恢复水平正相关；而异常 CEO 权力作为解释变量时得出的结论则相反。另外，将四个维度 CEO 权力作为解释变量进行研究时发现：结构性权力有助于提高公司化解财务困境的速度和成长能力；所有者权力抑制了公司化解财务困境的速度，也不利于经营活动产生现金流净额同比增长；声望权力能够提升公司脱困的可能性，可以加快公司化解财务困境的速度，同时提高经营活动产生现金流净额同比增长率；专家权力能够对财务困境化解的多个方面起到积极作用。第二，全要素生产率在 CEO 权力对财务困境化解的影响中起到中介作用。第一步研究发现，对于处于财务困境的上市公司，CEO 综合权力有助于提高全要素生产率，而异常 CEO 权力抑制企业全要素生产率的提高；第二步研究表明，全要素生产率的提高有助于提升公司化解财务困境的可能性，能够加快公司化解财务困境的速度并且提高成长能力；最后一步将 CEO 权力和全要素生产率都作为解释变量进行实证分析，其回归结果显著，同时结合前两步的研究验证了企业全要素生产率的中介效应。第三，企业内部控制水平能够调节 CEO 权力对财务困境化解的影响效果。首先，对于处于财务困境的上市公司，内部控制水平提高有助于财务困境化解。其次，企业内部控制水平会增强 CEO 综合权力帮助企业进行财务困境化解的效果，并减弱异常 CEO 权力对财务困境化解的负面影响。

本书的研究可能具有以下创新点：第一，根据具体含义的不同对 CEO 权力进行系统性分类研究。目前学术界对于 CEO 权力这一概念的量化标准尚未统一，使用不同量化方法得出的结论也是无法比较的。本书使用 Finkelstein（1992）提出的四维度量化法计算出 CEO 综合权力，另外基于异常高管薪酬的量化方法计算出异常 CEO 权力，然后对这两类管理权力进行系统性对比研究并得出相应的结论，由此也保证问题研究的严谨性和科学性。第二，从 CEO 权力这一视角对财务困境化解内部影响因素进行研究。目前学术界在财务困境领域中关注较多的是困境预警研究，而作为事后研究的困境恢复问题却关注度较低，其中更是缺乏从 CEO 权力角度进行的研究。CEO 权力作为企业重要的内部特征，能够对财务困境化解起到显著的影响，企业可以尽可能地利用核心高管制定的预防和应对措施将企业未来的发展命运掌握在自己手中。第三，探索了全要素生产率和内部控制在 CEO 权力对财务困境化解影响机制中的作用。本书的研究发现全要素生产率能够在影响机制中起到中介作用，而企业内部控制水平能够起到调节作用。

目　录

第一章　导论 ……………………………………………………… 1

第一节　研究背景与研究意义 …………………………………… 1
　　一、研究背景 ………………………………………………… 1
　　二、研究意义 ………………………………………………… 4
第二节　概念界定 ………………………………………………… 7
　　一、CEO 与 CEO 权力 ……………………………………… 7
　　二、财务困境化解 …………………………………………… 9
　　三、全要素生产率 …………………………………………… 11
　　四、内部控制水平 …………………………………………… 12
第三节　研究内容和逻辑框架图 ………………………………… 13
　　一、研究内容 ………………………………………………… 13
　　二、逻辑框架图 ……………………………………………… 14
第四节　研究方法 ………………………………………………… 16
　　一、文献研究法 ……………………………………………… 16
　　二、逻辑分析法 ……………………………………………… 16
　　三、实证研究法 ……………………………………………… 16
第五节　可能的创新点 …………………………………………… 17

第二章 文献综述 ·· 20

第一节 CEO 权力文献综述 ·························· 20

一、概念与衡量研究 ······················ 20

二、CEO 权力与公司治理研究 ·········· 22

三、CEO 权力与企业绩效研究 ·········· 25

四、文献述评 ······························ 27

第二节 财务困境化解相关研究 ·············· 29

一、财务困境概念及困境事前研究 ······ 29

二、财务困境化解概念及量化研究 ······ 32

三、财务困境化解的影响因素研究 ······ 34

四、文献述评 ······························ 38

第三章 理论基础与影响机理分析 ·············· 40

第一节 CEO 权力的理论基础 ·················· 40

一、委托代理理论 ·························· 40

二、管理层权力理论 ······················ 44

三、管家理论 ······························ 46

第二节 财务困境化解的理论基础 ·············· 48

一、企业生命周期理论 ···················· 48

二、危机管理理论 ·························· 50

第三节 内部控制的理论基础 ·················· 52

一、利益相关者理论 ······················ 52

二、情境理论 ······························ 54

第四节 全要素生产率理论基础 ················ 56

第五节 影响机理分析 ························ 57

第四章 CEO 权力对财务困境化解影响的总效应 ·········· 61

第一节 理论分析与研究假设 ·················· 62

一、CEO 综合权力与财务困境化解 ⋯⋯⋯⋯⋯⋯⋯⋯ 62

二、异常 CEO 权力与财务困境化解 ⋯⋯⋯⋯⋯⋯⋯⋯ 65

第二节 研究设计 ⋯⋯⋯⋯⋯⋯⋯⋯⋯⋯⋯⋯⋯⋯⋯⋯⋯ 67

一、样本选择与数据来源 ⋯⋯⋯⋯⋯⋯⋯⋯⋯⋯⋯⋯⋯ 67

二、变量定义 ⋯⋯⋯⋯⋯⋯⋯⋯⋯⋯⋯⋯⋯⋯⋯⋯⋯⋯ 68

三、模型构建 ⋯⋯⋯⋯⋯⋯⋯⋯⋯⋯⋯⋯⋯⋯⋯⋯⋯⋯ 76

第三节 描述性统计 ⋯⋯⋯⋯⋯⋯⋯⋯⋯⋯⋯⋯⋯⋯⋯⋯ 77

一、CEO 权力相关变量 ⋯⋯⋯⋯⋯⋯⋯⋯⋯⋯⋯⋯⋯⋯ 77

二、财务困境化解相关变量 ⋯⋯⋯⋯⋯⋯⋯⋯⋯⋯⋯⋯ 79

第四节 单变量分析 ⋯⋯⋯⋯⋯⋯⋯⋯⋯⋯⋯⋯⋯⋯⋯⋯ 81

第五节 相关性分析 ⋯⋯⋯⋯⋯⋯⋯⋯⋯⋯⋯⋯⋯⋯⋯⋯ 83

第六节 多元回归分析 ⋯⋯⋯⋯⋯⋯⋯⋯⋯⋯⋯⋯⋯⋯⋯ 85

一、CEO 综合权力与财务困境化解 ⋯⋯⋯⋯⋯⋯⋯⋯ 85

二、异常 CEO 权力与财务困境化解 ⋯⋯⋯⋯⋯⋯⋯⋯ 88

三、不同维度 CEO 权力与财务困境化解 ⋯⋯⋯⋯⋯⋯ 90

第七节 稳健性检验 ⋯⋯⋯⋯⋯⋯⋯⋯⋯⋯⋯⋯⋯⋯⋯⋯ 92

一、内生性检验 ⋯⋯⋯⋯⋯⋯⋯⋯⋯⋯⋯⋯⋯⋯⋯⋯⋯ 92

二、使用等权重求和法构建 CEO 综合权力 ⋯⋯⋯⋯⋯ 94

三、异常 CEO 权力替代性指标检验 ⋯⋯⋯⋯⋯⋯⋯⋯ 95

第五章 中介效应:CEO 权力、全要素生产率与财务困境化解 ⋯⋯⋯⋯ 97

第一节 理论分析与研究假设 ⋯⋯⋯⋯⋯⋯⋯⋯⋯⋯⋯⋯ 98

一、CEO 综合权力与企业全要素生产率 ⋯⋯⋯⋯⋯⋯ 98

二、异常 CEO 权力与企业全要素生产率 ⋯⋯⋯⋯⋯⋯ 100

三、企业全要素生产率与财务困境化解 ⋯⋯⋯⋯⋯⋯⋯ 101

第二节 研究设计 ⋯⋯⋯⋯⋯⋯⋯⋯⋯⋯⋯⋯⋯⋯⋯⋯⋯ 103

一、样本选择与数据来源 ⋯⋯⋯⋯⋯⋯⋯⋯⋯⋯⋯⋯⋯ 103

二、变量定义 ⋯⋯⋯⋯⋯⋯⋯⋯⋯⋯⋯⋯⋯⋯⋯⋯⋯⋯ 103

三、模型构建 ⋯⋯⋯⋯⋯⋯⋯⋯⋯⋯⋯⋯⋯⋯⋯⋯⋯⋯ 108

第三节　描述性统计 ⋯⋯⋯⋯⋯⋯⋯⋯⋯⋯⋯⋯⋯⋯⋯⋯ 110

第四节　单变量分析 ⋯⋯⋯⋯⋯⋯⋯⋯⋯⋯⋯⋯⋯⋯⋯⋯ 112

第五节　相关性分析 ⋯⋯⋯⋯⋯⋯⋯⋯⋯⋯⋯⋯⋯⋯⋯⋯ 113

第六节　多元回归分析 ⋯⋯⋯⋯⋯⋯⋯⋯⋯⋯⋯⋯⋯⋯⋯ 115

　　一、CEO 权力与全要素生产率 ⋯⋯⋯⋯⋯⋯⋯⋯⋯⋯ 115

　　二、全要素生产率与财务困境化解 ⋯⋯⋯⋯⋯⋯⋯⋯ 117

　　三、CEO 权力、全要素生产率与财务困境化解 ⋯⋯⋯ 118

第七节　稳健性检验 ⋯⋯⋯⋯⋯⋯⋯⋯⋯⋯⋯⋯⋯⋯⋯⋯ 120

　　一、内生性检验 ⋯⋯⋯⋯⋯⋯⋯⋯⋯⋯⋯⋯⋯⋯⋯⋯ 120

　　二、OP 法全要素生产率的替换 ⋯⋯⋯⋯⋯⋯⋯⋯⋯⋯ 122

第六章　调节效应：CEO 权力、内部控制水平与财务困境化解 ⋯⋯ 125

第一节　理论分析与研究假设 ⋯⋯⋯⋯⋯⋯⋯⋯⋯⋯⋯⋯ 126

　　一、内部控制水平与财务困境化解 ⋯⋯⋯⋯⋯⋯⋯⋯ 126

　　二、CEO 权力、内部控制水平与财务困境化解 ⋯⋯⋯ 129

第二节　研究设计 ⋯⋯⋯⋯⋯⋯⋯⋯⋯⋯⋯⋯⋯⋯⋯⋯⋯ 131

　　一、样本选择与数据来源 ⋯⋯⋯⋯⋯⋯⋯⋯⋯⋯⋯⋯ 131

　　二、变量定义 ⋯⋯⋯⋯⋯⋯⋯⋯⋯⋯⋯⋯⋯⋯⋯⋯⋯ 132

　　三、模型构建 ⋯⋯⋯⋯⋯⋯⋯⋯⋯⋯⋯⋯⋯⋯⋯⋯⋯ 134

第三节　描述性统计 ⋯⋯⋯⋯⋯⋯⋯⋯⋯⋯⋯⋯⋯⋯⋯⋯ 136

第四节　单变量分析 ⋯⋯⋯⋯⋯⋯⋯⋯⋯⋯⋯⋯⋯⋯⋯⋯ 137

第五节　相关性分析 ⋯⋯⋯⋯⋯⋯⋯⋯⋯⋯⋯⋯⋯⋯⋯⋯ 139

第六节　多元回归分析 ⋯⋯⋯⋯⋯⋯⋯⋯⋯⋯⋯⋯⋯⋯⋯ 141

　　一、内部控制水平与财务困境化解 ⋯⋯⋯⋯⋯⋯⋯⋯ 141

　　二、CEO 综合权力、内部控制水平与财务困境化解 ⋯ 143

　　三、异常 CEO 权力、内部控制水平与财务困境化解 ⋯⋯ 146

第七节　进一步的研究 ⋯⋯⋯⋯⋯⋯⋯⋯⋯⋯⋯⋯⋯⋯⋯ 148

第八节　稳健性检验 ⋯⋯⋯⋯⋯⋯⋯⋯⋯⋯⋯⋯⋯⋯⋯⋯ 151

　　一、内生性检验 ⋯⋯⋯⋯⋯⋯⋯⋯⋯⋯⋯⋯⋯⋯⋯⋯ 151

二、CEO 权力变量的替换检验 ·· 154

第七章　结论与政策建议 ·· 156

第一节　研究结论 ·· 156

一、不同类型的 CEO 权力对财务困境化解的影响效果不同 ········ 156

二、全要素生产率在 CEO 权力的影响中起到中介作用 ············ 157

三、企业内部控制水平能够调节 CEO 权力的影响效果 ············ 158

第二节　政策与建议 ·· 160

一、企业需要针对不同类型的 CEO 权力进行加强或监督 ·········· 160

二、使用工业互联网和云计算等技术提高企业全要素生产率 ········ 161

三、提高企业内部控制水平并适当监督 CEO 权力的行使 ·········· 163

第三节　未来的研究方向 ·· 165

参考文献 ··· 167

第一章 导论

第一节 研究背景与研究意义

一、研究背景

1. 国内企业陷入严重财务困境现象频发

上市公司股票特别处理制度（ST 制度）是中国资本市场所特有的产物。当国内上市公司的财务状况出现异常或其他特定负面情况时会被实施特别处理，具体的措施有在股票名称前加上"ST"的标识，股价涨跌幅限制在 5% 以内，并且强制性要求在资本市场定期发布风险警示公告。上市公司被 ST 后会面临诸多不便，比如大部分机构投资者不会将 ST 股票纳入投资组合，另外公司的声誉也会受损，国内学术界常以上市公司被实施特别处理作为其陷入财务困境的标志（过新伟、胡晓，2012；和丽芬等，2014；姚珊珊、沈中华，2016）。另外，目前我国企业债务违约现象异常显著，同时这也是企业陷入严重财务困境状态的典型表现之一。根据 Wind 金融数据库，2018 年国内违约债券的数量为 123 只[①]，违约金额高达 1198.51 亿元，而 2015~2017 年每年债券违约的数量为 23 只、78 只和

---

① 统计的债券违约事件中包含技术性违约和实质性违约两种。

49 只。

公司陷入财务困境的风险会受宏观和微观等众多因素的影响。债券市场中企业信用债的收益率一般在 5% 上下浮动，市场资金流动性紧缩情况和企业信用债收益率有着显著的相关性，当市场资金流动性趋紧时，企业债收益率通常上升，反之则会下降。国内企业信用债券在 2014 年之前还是普遍具有隐性刚性兑付的性质，也就是债券的投资通常会实现保值，并且在按期支付利息时实现投资的小幅增值。但是在 2014 年我国债券市场首次出现实质性违约①之后几年时间内，企业信用债出现了集中违约的现象，初期发生信用违约的商业主体通常是属于落后产能的企业，或者经营区域处于经济相对欠发达的地区等。但是随着发生信用违约的主体扩散至历史业绩相对优秀的民营企业时，市场上会慢慢出现关于经济衰退甚至恶化的预期。国内的上市公司都是各行业中相对优秀的商业主体，同时也具有融资渠道多和知名度好等优势，而企业信用违约的现象逐步蔓延至上市公司后，则说明宏观金融去杠杆和紧信用等政策对商业主体的资金运营产生了显著影响。在企业总体债务周期处于扩张阶段时，债券市场给予了部分商业主体不良债务使用借新债还旧债的手段进行不具持续性的续存机会，但这种财务管理方式隐含着巨大风险。当债务扩张周期开始出现收缩甚至衰退时，债券市场必将出现部分商业主体资金链断裂和信用债出清的现象，同时信用违约事件的危害普遍具有传导性，严重影响商业主体的上游企业，甚至导致一连串的信用违约现象。

金融体系自身会进行逐步演化，在发展过程中金融风险会发生积累或者释放的现象，这也是系统性金融风险来源之一（Bebchuk，2011）。我国的经济增速不会一直保持较高的速度，粗犷的经济增长模式会引起资源的相对短缺、房价飙涨和环境破坏等负面影响。所以，下一步需要依靠科学技术的进步等提高全要素生产率，为经济提供长久有效和健康的发展动力。目前国内经济增长出现放缓的迹象，在实体经济中的资本投资回报率长时间处于低位，中央银行释放的大部分流动性货币有时并没有流入实体经济，而是在虚拟金融体系内部周转循环，从而使得金融风险出现积累和固化。防范金融风险的一个措施是建立相关

---

① 2014 年 3 月 4 日债务主体公告称"11 超日债"第二期利息将无法按期全额支付。

的系统性风险监控预警体系和预防纠正机制，根据发达国家的历史经验我国需要建立一个适用于自身环境的困境恢复机制，以此来抵御和削减系统性金融风险的影响。

2. 高管权力是企业实现脱困战略目标的重要影响因素

企业通常无法控制外部宏观或者行业环境影响企业正常生产经营因素的发生，比如宏观经济周期、国际金融风险传导、货币政策、财政政策和行业技术迭代等。但是，企业未来的发展命运可以很大程度上掌握在自己的手中，企业内部可以对未来可能发生的影响正常生产经营的不利因素进行提前规划、预防及时调整战略发展方向，而此时在企业内部起到核心影响因素的是企业管理层人员。在现代公司制度中，股东方通常作为公司设立的发起人，具有出资和承担最终经营风险的义务，同时又具有分配剩余收益的权力。股东大会有权选举和解雇董事会成员，董事会的决议必须符合股东会的意愿和理念。在所有权和经营权分离的现代企业中普遍采取职业经理人制度，进一步体现了按照专业特长进行分工并提高经营效率的理念。现代企业经营过程中面临着多种多样的冲击，包括宏观、行业和技术替代风险等。尤其在互联网时代，计算机和通信技术的迅速发展可能会在短时间内颠覆一个行业的运营逻辑，而作为企业所有权拥有者的股东们没有精力或能力去掌握众多的新知识体系，所以为了使企业能够快速有效地适应经营环境的要求，必须聘用一批具有不同专业技能的人员。同时，为了使专业人员能够更好地发挥其能力特长和更有效率地完成经营计划，企业需要赋予其一定的管理权力。

从组织的战略经营角度来说，高管人员具有决策制定、信息传递决策和人际协调等职能；另外，管理层人员的自主决策权表明了其对于企业内部经营环境的控制水平，同时形成了相应的权力行使空间（Alchian，1973）。当管理层人员如首席执行官作为企业战略决策的实施者时，其将会以决策目标为核心去整合、协调和使用企业中所能用到的内部和外部资源。管理层人员的另一个重要管理行为是授权（Authorization），经营战略的工作实施和人员组织环节是在战略决策制定完成之后才进行的，由于在战略决策制定的初期决策者们对于在具体实施和完成决策过程将要面临的突发情况无法完全预测，所以在战略执行过程中给了管理层人员较大的自主决策权，这也是为经营战略的完成提供了必要的授权保障。根据不完全契约理论的内容，企业委托人和代理人之间指定的契约内容不会对可能出现的情况进行完全的规定，同时也存在着实施成本的限制。此时，管理层人员可以在契约内容以外通过个人专业能力和协调能力对企业经营过程中面临的信息不对称情况进行处理（He Lifen et al.，2014）。

二、研究意义

1. 理论意义

本书以 CEO 权力与财务困境化解作为研究主题，通过对相关文献的梳理分析、研究假设和实证研究总结出本书具有以下理论意义。

第一，对 CEO 权力这一概念进行明确的分类别量化和研究。目前学术界对于 CEO 权力这一概念的量化标准尚未统一，使用含义混淆的变量进行研究所得到的结论也不严谨。比如，相关的研究文献中都是将管理层权力作为解释变量，但是得出的研究结论却不尽相同，仔细分析后发现虽然解释变量都命名为 CEO 权力，但是具体量化的方法基本理念有时会有差异。以 Finkelstein（1992）提出的四维度衡量法为基础对 CEO 权力进行量化的方法中所使用到的变量多种多样，文献中出现的衡量变量涉及董事长和总经理是否两职兼任、董事会成员规模及执行董事或者独立董事所占比例、管理层人员的任职期限、首席执行官是否是公司创始人和高管的学历水平等，不同文献使用不同的变量进行组合后得到各自的管理层权力量化值。另外一种量化方法是基于高管人员异常薪酬水平，例如通过计算首席执行官薪酬除以薪酬最高五名高管人员薪酬之和得到的百分比来衡量管理层权力（Bebchuk，2004）。不同的量化方法基本思想并不一致，根据第一种四维度衡量法可知管理层权力的来源是良性的和积极的，权力来源的初衷是正面的。使用异常管理层薪酬进行量化的方法本身就是基于代理理论中的管理层人员具有机会主义和投机主义的假设，所以这种方法本身就是负面因素的合成量化，于是形成的管理层权力变量指标所产生的经济后果通常也是不利于企业发展的。所以，本书通过分析 CEO 权力相关研究的不足之处，对于不同含义的管理权力进行科学合理的分类量化，由此得出的理论研究结果才会更加严谨，这种必要的分类研究方法能够提高以后相关问题研究的严谨性、准确性和科学性。

第二，拓展了财务困境化解阶段内部影响因素的研究方向。目前国内学术界对于财务困境化解阶段的研究相对于困境预测等研究程度较低，经过对文献进行详细分析可知主要有以下原因：一是不同阶段衡量的标准具有差别。财务困境预警主要研究的是样本企业从财务状况良好转化为财务困境的概率，文献中对于陷入财务困境状态衡量的标准研究较充分，一般包括财务指标恶化到某种程度、发生债务违约、陷入破产重组和上市公司被实施特别处理（ST）等。绝大部分文献采用了已"摘帽"的被 ST 的上市公司作为财务困境化解的状态转化标准，所以量化标准较为单一。二是能够用作研究财务困境化解的样本数量较少，在选取进行财务困境化解研究的样本时，通常以正处于 ST 状态的上市公司作为研究样本，相对于正常交易的上市公司数量来说被 ST 的公司数量较少。另外，从 CEO 权力的角度来研究财务困境化解的内部影响因素的文献更少，而 CEO 人员作为企业内部战略决策执行的主力军，同时也会对决策的过程和内容产生显著的影响效果。所以，本书从 CEO 权力的角度对财务困境化解问题进行研究，拓展了相关研究的方向和角度。

第三，丰富了 CEO 权力研究的理论出发点。管理层权力理论对委托代理理论和契约理论的内容和应用做出了相应的补充，最优契约理论提出公司股东与管理层人员之间签订的契约想要达到双方利益最大化的理想结果需要一定的前提，这些前提包括外部市场能够对公司内部管理层人员进行有效监督，董事会成员与管理层人员相互保持独立性，股东能够通过使用股东决议、行政措施或者法律诉讼等途径有效行使权力。但是企业在正常经营过程中难以同时满足最优契约理论所提出的三个前提条件，所以管理层人员仍然能够通过采取投机性行为为自身谋取私利，这也是大部分相关研究文献的理论出发点。上述这些理论无法解释企业经营过程中管理层权力行使的全部状况，于是又有与之前观点不同的理论出现，其中比较有代表性的是管家理论。管家理论提出高管人员本身具有强烈的职业道德和自我驱动力，他们渴望从工作绩效中获得心理成就感，并努力争取企业领导和同事们的认可。另外，尤其对于正处于财务困境企业中任职的管理层人员来说，他们清楚企业所面临的严峻挑战并承担了比正常经营状态时更多的使命，此时仍然愿意留在企业工作的管理层人员实施机会主义和投机主义的机会和动机都将大幅降低。所以，此时在企业的公司治理制度设计和实施上不必设置过度的高管人员监管措施，因为这样会增加监督成本、降低工作效率且没有必要。所以，由于具体研究问题的不同，本书丰富了 CEO 权力在财务困境化解时所基于的理论出发点。

2. 实践意义

在企业生命周期上升时融资能力较强，发生财务困境的可能性小。但是经济和企业周期不会一直保持向上发展，当信贷周期开始紧缩时，企业进入融资难的处境，同时利息支出负担也会大幅加重，进入财务困境的公司数量也就开始增加。于是，对于财务困境的事后研究不仅在经济出现衰退时具有重要的实践指导意义，而且在事前准备和事中应对时依然能够起到提前预防应对的作用，本书具有以下实践意义。

第一，在企业陷入财务困境时能够有针对性地加强对脱困有益的 CEO 权力类型。根据权力来源的不同，CEO 权力的种类是有差异的。本书基于 Finkelstein（1992）提出的四维度衡量法为基础对管理层权力进行量化，分别由结构性权力、所有者权力、声望权力和专家权力，再由这四个维度综合构建出 CEO 综合权力。另外，再以异常高管薪酬为基础构建异常 CEO 权力。根据本书的研究结论可知 CEO 综合权力、结构性权力、声望权力和专家权力有助于财务困境化解，而异常 CEO 权力对企业财务困境化解起到负面效果。所以，当企业处于财务困境时可以有针对性地加强管理层人员的结构性权力、声望权力和专家权力，而对异常 CEO 权力采取更强的监督和抑制措施。

第二，加强企业内部控制的建设有助于促进 CEO 权力帮助脱困的效果。本书的研究结果发现对于处于财务困境的上市公司，内部控制水平提高有助于财务困境化解，也能够增强 CEO 综合权力帮助企业进行财务困境化解的效果。企业内部控制制度能够通过多种途径去影响企业生产效率、经营绩效和战略发展，首先，企业内部控制制度有助于保障财务报表信息的真实性、可靠性和准确性。财务处理阶段的内部控制活动将会监督财务信息生成的整个流程，包括数据记录、收集、分类和整合等。准确可靠的财务数据能够帮助公司管理层人员分析到真实数据，及时准确地发现生产或者经营漏洞并有针对性地调整计划和策略。其次，内部控制能够有效地防范经营风险。在企业的整个经营流程中，内部控制制度都扮演着至关重要的作用，内部控制制度先会对具体经营活动所产生的风险进行评估，然后设计有针对性的纠正措施，当评估的经营风险发生概率达到一定程度时采取应对措施，并且对于控制效果相对薄弱的环节进行有效加强，以达到能够显著控制经营风险的结果。最后，保护企业资产的完整性。在资产的采购阶段保证支付的金额和目标采购的物资相一致，在原材料领用环节保证领取的品种和数量与生产计划一致，企业对物资的合理控制能够保障顺利完成订单合同并与客户维持良好的合作关系。

第二节　概念界定

一、CEO 与 CEO 权力

首席执行官（CEO）制度最早出现在 20 世纪 60 年代的美国，之后由于该制度具有能够使得企业提高管理专业性和经营效率的优点使其迅速优化和发展。首席执行官制度是在西方成熟的市场化背景下诞生的，其本质是组织制度的创新，该项制度创新适应了企业经营国际化、专业化和一体化的要求。在市场经济最为发达的美国，其国内上市公司普遍实行的是股东、董事会和总经理三元控制管理模式，董事会的组成由股东大会进行决议和选举，董事会再聘任总经理。董事会对公司重大发展战略的制定负责，同时监督战略实施和执行的情况。经理人员对公司日常经营活动负责，在股权分散现象更为明显的发达国家，经理人员的管理权力会进一步加强。为了提高企业决策处理的效率，CEO 这一职位开始出现。一般来说，CEO 应该是公司内部的实际负责人，其职责包括公司战略规划的制定和执行，所以 CEO 具有董事长和总经理的两重职能。董事会的职能从原来的制定公司未来发展战略和监督经理人逐渐化简为只保留监督职能，CEO 对于具体的经营战略可以不经过董事会决议流程，独立制定具体措施并执行，由此体现出 CEO 权力的增强。

针对我国市场目前尚不成熟的市场环境，企业内部的组织管理制度仍需要进一步完善，只是从称谓上认定国内企业首席执行官的方法是不严谨的，需要从管理职能上进行认定。目前国内部分上市公司中并没有设置 CEO 职位,实行董事会领导下的总经理负责制的公司仍占多数。本书的研究根据 CEO 制度内涵和公司高管所承担的职责来定位样本公司的 CEO,这种定位方式更加符合国内公司的实际情况。本节对 CEO 的定位如下:设置了 CEO 职位的上市公司中,以任职者为 CEO,本节的研究样本中有 15.29% 是这种情况。存在董事长和总经理两职兼任情况的公司,将兼任者定位为 CEO,有 24.31% 的样本公司是这种情况。剩余的样本中,国内公司法对于总经理职权的界定更接近于发达国家 CEO 的职权,并且国内公司对于职业经理人的专业性要求和其公司地位逐渐提高,同时在相关研究文献的基础上将总经理(或总裁)定位为样本公司 CEO。

March(1996)首先从经理人员和具有异议人员之间的博弈行为角度对经理自主权进行定义,提出了经理自主权是经理具有的一种能够抑制不同意见的能力。当企业经理被赋予管理权力后成为权力拥有者时,为了达到某些目的,他们将会利用这些权力来压制具有反对意见的人员,这些目的主要包括企业生产经营的目标,当然也可能包含了经理的自利目标。Frinkestein(1992)将高管权力描述为企业内部管理层所具备的能够执行其自身意愿的能力,提出了从不同的维度来综合衡量高管权力。管理层权力理论由 Bebchuk、Fried 和 Walker 在 2002 年正式提出,在该理论中,他们将管理层权力定义为在公司治理环境较为弱势的情境中,管理层人员能够影响董事会做出决策的能力。

对 CEO 权力问题研究起到巨大推进作用的是 Frinkestein(1992)的相关研究,其以权力来源为出发点提出了四维度衡量权力的理论方法,这四个维度分别是结构性权力、所有者权力、声望权力和专家权力。结构性权力是最常见一种管理层权力,这种权力广泛地存在于正式的组织体系中,管理层人员具有合法的能够对组织内人员实施影响力的能力。结构性权力在企业中主要体现在首席执行官由于具有正式的内部组织职位而拥有的管理权,这项结构性权力使得不同企业首席执行官们通过规范和指导下属的行为来达到管理企业内部生产经营活动的目的。结构性权力和企业内部正式职位的分布相关,并且如果管理层拥有的结构性权力越大,其对企业内的其他成员的依赖程度就越小。当管理层人员拥有企业的所有权时(如持有本企业的股票),也代表其拥有了剩余收益的所有权,这种所有权不仅局限于管理层人员本人,当该名管理人员的亲属拥有本公司股票时也可以等同地认为本人拥有企业所有权（Aharony et al.，1980）。另外当其他条件相同时，如果某一管理层人员同时是企业创始人之一的话，该管理层人员通常具有更大的管理层权力。相关的衡量指标有管理层本人或家庭成员合计所持有的本企业股份数和是否是企业初创人员的虚拟变量。

企业的经营环境会受多方因素的影响而产生各种不确定性，这些因素包括客户、供应商、竞争者或监管机构等，管理层人员具备的能够应对经营环境等不确定性的专家能力，该能力有助于帮助企业实现组织目标，而专家能力本身也是管理层权力的一种重要来源。当管理层人员的专业能力能够帮助企业在某一领域做出的决策起到决定性作用时，专业能力将会为管理层人员带来显著的专家权力。管理层人员的专家权力可以通过关键专业能力指标、专业领域和公司职位这三个指标进行衡量。管理层人员的个人声望能够为其提供声望权力，在一家公司中管理者的个人声望通过对关系方的观点或行为产生影响而起到作用。在企业的经营环境中产生影响的关系方有融资机构、行业或政府监管部门等，管理者的声望有机会为公司争取到一定的帮助或者政策支持。衡量管理层人员声望权力的指标有董事会中管理人员的数量、管理人员在非营利组织兼任董事的数量、平均董事会级别①和教育背景。

本书根据理论分析的合理性、学术界采纳程度和量化的可行性等方面综合考量，采用 Frinkestein（1992）提出的关于 CEO 权力的定义，即将 CEO 权力定义为 CEO 在企业中所具备的能够执行其自身意愿的能力，并从结构性权力、所有者权力、声望权力和专家权力这四个来源维度来综合衡量 CEO 综合权力。

二、财务困境化解

根据相关文献的总结，公司财务困境的实质内涵应是其生产经营的内生性增长能力被严重破坏或者丧失（Higgins and Toms，2003；Homar and Van Wijnbergen，2016）。由于财务困境的实质内涵所导致的现象有公司无法偿还债务的利息

---

① 来自标准普尔公司股票调查的数据。

或本金、连续亏损、现金流断裂和所有者权益为负等①。理论上导致公司陷入财务困境的因素可以分为外部因素和内部因素，外部因素通常有宏观财政或货币政策、行业技术变更和不可抗力的自然灾害等。内部因素主要有组织结构不合理、战略发展方向错误和产品研发决策失误等。

国外的研究文献多以企业是否发生破产当作代表陷入财务困境的指标（Beaver，1966；Whitaker，1999；Sudarsanam and Lai，2001；Yeh and Lee，2010；Aretz and Shackleton；2011），在 20 世纪 80 年代国外关于财务困境化解的研究关注主要在于困境恢复后的绩效提升上，绩效提升内容涉及市场绩效和经营绩效②（Citron et al.，2003）。财务困境化解的市场绩效主要指的是研究对象的股价提升情况，在二级市场中，公司的股权理论价值是未来全部自由现金流的现值，这也是上市公司的内在价值，虽然短期内股价波动的直接原因是证券的供给和需求，但是市场中推动股票买卖行为的主要动机是投资者对于上市公司内在价值的预期（Garlappi and Yan，2007）。

1990 年年底，上海证券交易所的开业标志着我国证券市场的正式出现，之后在 1998 年沪深两地交易所对财务状况和其他特定情况出现异常的上市公司实施特别处理措施，由此国内上市公司股票交易 ST 制度正式推出。赵丽琼和柯大钢（2008）最早在国内相关理论的基础上开始了对财务困境化解问题的研究，书中将样本按照被实施特别处理（ST）后两年内是否能够"摘帽"分为财务困境化解和未恢复两组，然后研究影响财务困境化解的因素。研究发现，与财务困境化解概率显著正相关的变量有主营业务收入净利润率、自由资产数量和经营效率主导的战略措施③。在这之后，国内关于财务困境化解的量化标准主要选择的是被 ST 的上市公司进行了"摘帽"处理（过新伟、胡晓，2012；和丽芬等，2014；姚珊珊、沈中华，2016）。陈艳利等（2015）将样本定义为陷入财务困境的方法是公司息税前利润低于利息费用的状态，当样本的息税前利润再次超过利

---

① 另一种业绩增长模式是外生性增长，外生性增长主要指的是企业通过并购重组等方式增加了业绩，比如 2015 年部分创业板上市公司由于增加了融资渠道，大肆横向或纵向并购相关企业，在增加业绩的同时也积累了商誉，一旦并购标的无法满足承诺业绩，商誉减值反而会大幅侵蚀企业利润。

② 市场绩效主要通过公司股价波动进行观察，经营绩效主要体现在公司的成长能力中。

③ 自由资产指的是全部有形资产超过企业全部负债的数值，经营效率主导的战略的关注点是提高资产的利用效率，而不是资产规模的扩张，书中使用有形资产的缩减程度进行衡量。

息费用后，则认为样本公司完成了财务困境化解行为。

国内文献将上市公司陷入严重财务困境的标志定义为被实施特别处理（ST）的原因有以下几点：第一，ST 公司的部分判定标准是公司财务状况出现异常。根据我国证券交易所的规定，上市公司实施特别处理的情况有：年度所有者权益为负、审计报告意见是无法表示或否定意见和主要银行账户被冻结等，这些情况通常表明公司出现了资不抵债或资金链断裂等情况。第二，我国目前出现上市公司破产的案例很少。对于发生严重财务危机的上市公司更多地选择在企业破产之前采取重组或者卖壳等应对措施。第三，建立逻辑回归模型时被特别处理的上市公司和正常交易的上市公司之间能够进行明显的区分，从而得到可以赋予研究意义的二值虚拟变量。

基于对国内外财务困境化解相关文献和研究样本的分析，本书将财务困境化解定义为股票已经被实施特别处理（ST）的上市公司取消了特别处理措施（又称为"摘帽"处理）。本书研究样本中平均化解财务困境的时间是 2.84 年，本书将 3 年作为样本是否脱困的观察期限，如果样本公司股票能够在 3 年内取消特别处理，本书就判定为公司摆脱了财务困境状态，如果样本公司股票没有能够在 3 年内取消特别处理，则定义为公司没有化解财务困境状态。

三、全要素生产率

在经济学研究中发现，经济组织在生产过程中的总投入不能完全解释总产出的情况，由此产生了生产函数经济学公式的"剩余"现象。全要素生产率这一指标就成了衡量除经济组织投入的生产要素以外因素的生产效率，生产要素以外的因素包括科学技术的进步情况、组织结构优化和管理创新等。Solow（1956）提出的经济增长理论中提出了关于全要素生产率含义的描述，因此全要素生产率也称 Solow 剩余。

目前，学术界应用最为广泛的生产函数公式为 Cobb-Douglas 生产函数，另外有少量微观经济学研究文献使用的是 Trans-log 生产函数（又称为"超越对数函数"）。超越对数函数在推导之初能够减少关于常替代性函数（Constant Elasticity of Substitution）的相关假设，于是减少了由于错误设定函数形式而产生的估计误差。但是 Trans-log 生产函数在数据量化过程中增加复杂性的同时并不能显著地提供更多的经济学信息，而 Cobb-Douglas 生产函数形式较为简洁，并且能够提供足够的信息，所以该种形式的生产函数使用范围更为广泛。

Olley 和 Pakes 在 1996 年设计出一种基于半参数估计的企业层面全要素生产率估算方法，简称 OP 法。在企业的实际生产过程中，生产计划的决策者能够在一定程度上测算出当期生产活动的效率，为了达到生产活动经济效益最大化的目标，生产活动决策者会根据实时测算出的数据和信息对当期的生产活动进行动态调整，包括改变生产要素的投入比例和生产流程等。2003 年，Levinsohn 和 Petrin 提出 LP 估算法，使用企业在生产过程中的中间投入代替当期投资额，代理变量可以使用上市公司购买商品、接受劳务实际支付的现金取自然对数（Levinsohn and Petrin，2010）。

通过理论分析可知，在本书的研究中全要素生产率扮演着中介变量的角色。首席执行官制度本质上是企业经营管理制度的创新，该制度能够适应现代企业所面临的经营风险，并提高决策效率和质量。制度的创新也是企业全要素生产率的重要来源之一，本书基于 LP 法和 OP 法对样本公司的全要素生产率进行测算，先将 LP 法测算的全要素生产率代入模型进行假设检验，得出结果后再使用 OP 法对结果进行稳健性检验。

四、内部控制水平

理论界第一次对内部控制进行官方定义是在 1949 年美国注册会计师协会（AICPA）发布的一篇关于内部控制的报告①中，其将内部控制定义为是为了保证企业资产的安全性与完整性、确保会计财务资料的正确性和可信性、保障企业制定的经营方针能够贯彻执行和提高企业经营效率的组织制度，企业内部所制定的整体制度和规划及其配套措施。后来，关于内部控制研究具有里程碑意义的事件是 COSO 委员会②的成立，该委员会发布了具有重要意义的研究报告，即《内部控制：整体框架》。COSO 在 2004 年发布了《企业风险管理——整合框架》，

---

① 参见 AICPA1949 年发布的 *Internal Control: A Coordination System Element and Its Importance to Management and CPAs*。
② COSO 是美国反虚假财务报告委员会下属的发起人委员会（The Committee of Sponsoring Organizations of the Treadway Commission）的英文缩写。

报告名称的关键词从"内部控制"演化到了"企业风险管理",这两个概念也有着相应的联系。企业内部控制的本质目的就是对企业面临的风险进行管理,但是企业风险管理的内容与内部控制的内容又具有差异。内部控制内容的表达强调了风险控制的方法和途径,而风险管理就特别明确了企业进行风险控制措施的目的,但是对于完成一件事情来说目的和方法途径两者缺一不可。COSO 在 2017 年再次发布了第二版《企业风险管理框架》,两个版本框架报告的发布间隔了 13 年的时间,其间企业面临的经营环境也产生了巨大的变化,主要体现在产业技术、商业环境、信息科技和国际贸易规则等。具有一定标准的内部控制评价与相关报告的规则安排称为内部控制评价模式。以美国的塞班斯法案为例,要求企业内部的管理层在财务报告中先评价自身内部控制制度的有效性,再要求注册会计师进行有效性的审计工作。

本书使用衡量企业内部控制水平的指标是迪博公司发布的中国上市公司内部控制指数除以 100 后的数值。该内部控制指数的编制过程中考虑的内容包括企业内部合法合规水平、各期财务报告质量、企业资产安全情况、整体经营战略目标和经营效率等。另外,内部控制指数同时加入指标的修正因素即内部控制缺陷情况等,持续对指标进行维护,保证指数的综合性、真实性、专业性和可靠性。

第三节 研究内容和逻辑框架图

一、研究内容

本书研究的主题是 CEO 权力与财务困境化解之间关系的研究。

第一章首先介绍了企业陷入严重财务困境现象频发的研究背景和研究意义,其次对核心概念进行了详细定义,最后重点论述了本书的三个创新点。

第二章详细梳理了关于 CEO 权力和财务困境化解的相关文献,并对相关文献的贡献、不足和未来研究方向进行了述评。针对 CEO 权力相关文献提出了对于 CEO 权力变量的量化研究需要根据含义不同进行分类研究，同时可以进一步丰富理论研究出发点。通过对财务困境化解研究文献分析发现目前学术界对于此阶段的研究相对不足，并且缺少从 CEO 权力角度进行财务困境化解影响因素的研究。

第三章阐述了关于 CEO 权力与财务困境化解研究主题相关的理论基础。

第四章进行 CEO 综合权力、异常 CEO 权力和财务困境化解的相关研究，研究发现处于财务困境的上市公司内部 CEO 综合权力越高越有利于其化解财务困境，具体表现在提高公司化解财务困境的概率、缩短脱困所需要的时间和提高公司的成长能力。另外，异常 CEO 权力越高越不利于公司脱困。进一步地检验中将不同维度的管理层权力作为解释变量代入系列回归模型中进行研究，结果发现有助于企业进行财务困境化解的有结构性权力、声望权力和专家权力。

第五章主要进行关于 CEO 权力、全要素生产率和财务困境化解之间影响关系的研究。首先，研究发现 CEO 综合权力有助于提高公司全要素生产率，而异常 CEO 权力与公司全要素生产率呈负相关关系。其次，对于处于财务困境的上市公司，全要素生产率提高有助于帮助公司脱困。最后，将 CEO 综合权力作为解释变量，企业全要素生产率作为中介变量建立回归模型，研究发现处于财务困境的上市公司中，CEO 综合权力部分通过提高全要素生产率来帮助企业进行财务困境化解。

第六章研究 CEO 权力、内部控制水平与财务困境化解之间的关系。研究发现对于处于财务困境的上市公司，内部控制水平提高有助于财务困境化解；企业内部控制会增强 CEO 综合权力帮助企业进行财务困境化解的效果；企业内部控制会减弱异常 CEO 权力对财务困境化解的负面影响。

第七章在总结了本书的结论之后提出了与之相应的政策建议，分别是企业需要针对不同类型的 CEO 权力进行加强或监督；使用工业互联网和云计算等技术提高企业全要素生产率；提高企业内部控制水平并适当监督 CEO 权力的行使。

二、逻辑框架图

本书研究的逻辑框架如图 1-1 所示。

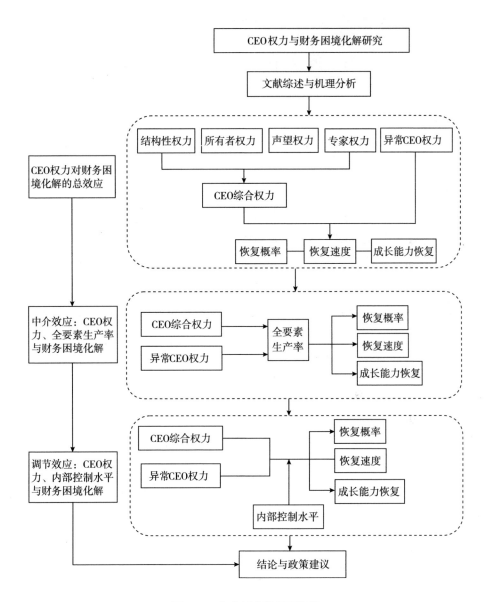

图 1-1 本书研究的逻辑框架

第四节　研究方法

一、文献研究法

本书分析和梳理了 CEO 权力和财务困境化解的相关文献，首先总结出 CEO 权力研究的理论基础包括委托代理理论、契约理论和管理层权力理论等。其次，财务困境化解的理论基础包括企业生命周期理论和危机管理理论，内部控制的理论基础包括管家理论、利益相关者和情景理论等。最后，根据相关研究文献和理论基础进行分析，提炼出本书研究的逻辑框架。本书不仅研究了 CEO 权力对财务困境化解的总影响效果，还研究了全要素生产率在 CEO 权力对财务困境化解的影响过程中的部分中介效应，进而分析了企业内部控制对 CEO 权力影响财务困境化解效果的调节效应。

二、逻辑分析法

逻辑分析法的过程包括制定研究目标、制定方案、构建数理模型、效果预测、结果评价和反馈优化等。本书的研究目标是探索 CEO 权力对公司财务困境化解的影响机制，在 CEO 权力对财务困境化解起到作用时可能会受到中介因素和调节因素的影响。在进行中介因素影响过程的研究时，首先分析 CEO 制度是企业管理发展进程中的一项制度创新，该制度顺应了当代企业所面临的经营环境。另外，提高企业全要素生产率的因素又包括经营制度的创新，全要素生产率的提高有助于企业经营效率的回升，进而帮助企业脱困。在进行调节因素的研究时，企业的内部控制水平能够较好地规范高管人员权力的使用，进而提升管理权力的积极作用，同时也有助于限制异常管理权力的负面影响。

三、实证研究法

本书进行实证研究主要使用的方法是计量经济学研究法，计量经济学法是从科学数据的角度研究各种经济活动中的经济关系、影响因素和潜在规律及其应用的学科，计量经济学结合了经济理论、数理统计和数学，是一门综合性学科。本书根据被解释变量数据类型的不同采取建立相对应的研究模型，研究处于财务困境的上市公司中 CEO 权力对财务困境化解的影响关系时，因变量分别是财务困境是否恢复的虚拟变量、财务困境化解需要时间的有序多指变量和衡量成长能力的连续型变量。由于因变量数据类型的不同，需要建立不同计量方法的回归模型，分别使用了 Probit 模型、序列逻辑回归模型和加权最小二乘法进行回归模型。

第五节　可能的创新点

本书对 CEO 权力和财务困境化解之间的关系进行了系统性的理论分析、假设提出和实证检验，总结出可能具有以下创新点。

第一，本书通过分析 CEO 权力相关研究的量化和研究缺陷，针对不同类型 CEO 权力进行分类和分层次研究。目前学术界对于管理层权力这一概念的量化标准尚未统一，具体的量化方法在不同的文献中不尽相同，即使同一个作者在不同的研究中所使用的量化方法也有差异（李胜楠、牛建波，2014）。目前学术界对于高管权力的衡量方式主要有两种：第一种以 Finkelstein（1992）提出的四维度衡量法为基础进行各种变形；第二种量化方法是使用高管薪酬水平进行量化的方法，例如通过计算首席执行官薪酬除以薪酬最高五名高管人员薪酬之和得到的百分比来衡量管理层权力（Bebchuk et al.，2011）。不同的量化方法所基于的基本理念并不一致，根据第一种四维度衡量法可知高管权力的来源是良性的和积极的，权力形成的初衷是好的。使用异常管理层薪酬进行量化的方法本身就是基于代理理论中的高管人员具有机会主义和投机主义的假设，所以这种方法本身就是负面因素的合成量化，于是形成的管理权力变量指标所产生经济后果通常也是不利于企业发展的。尽管有少量文献在研究中使用残差法构建了异常 CEO 权力（刘杨晖，2016；Bebchuk et al.，2011），但是目前还很少有文献系统分类研究

CEO 综合权力和异常 CEO 权力的不同经济后果。

本书根据含义不同所量化出的管理层权力变量有结构性权力、所有者权力、声望权力、专家权力、CEO 综合权力和异常 CEO 权力，共包含六种。前四个维度的 CEO 权力根据具体含义的来源进行量化，而 CEO 综合权力是由前四个维度权力进行综合量化得出，最后异常 CEO 权力基于高管人员异常薪酬的水平进行量化得到。具有不同含义的管理权力量化方法不同，所以其产生的经济后果也将大相径庭，所以对不同类型的管理权力进行分类研究能够保证研究成果的科学性和合理性，而目前鲜有文献按此区分进行相关研究。

第二，从 CEO 权力这一视角研究企业财务困境化解的内部影响因素。关于财务困境的研究按照阶段的不同可以分为事前、事中和事后研究，目前学术界在此领域中研究数量最多的文献是关于财务困境的事前研究，最有代表性的研究方向是财务困境预警。但是理论的研究并没有对企业实践起到很好的指导作用，例如 2018 年国内企业发生债务违约的债券数量达到了历史之最，债券违约金额比前四年违约金额之和还要高出 30% 以上，而且 2019 年预期的国内债券市场违约风险甚至更加严峻。企业发生债券违约也是陷入严重财务困境的典型标志之一，对于大量陷入财务困境的企业来说如何尽快摆脱困境是急需研究的重要课题。

在目前国内经济整体增速下降的大背景下，CEO 权力作为企业的重要内部特征能够对化解财务困境起到显著的效果，企业无法控制外部影响正常经营因素的发生，但是能够在很大程度上将未来的发展命运掌握在自己手中。企业董事会所雇佣的职业经理人们通常都具有某一领域的专业特长，尤其在互联网通信和计算机技术高速迭代的当代，企业需要一批能够深入理解行业知识和及时掌握未来发展动态的人才来抵御外部影响因素的冲击。为了使专业人才的工作能力得到很好的发挥，企业需要赋予他们一定范围的管理权力来使其意愿能够顺利并且高效地执行，甚至一些企业所有者会给予个别经理人董事或者执行董事的职位来加强权力的赋予。目前，更是缺乏从 CEO 权力的角度对财务困境进行化解的研究，而企业内部高管权力对脱困又有着显著的影响，所以本书的研究也拓展了财务困境事后研究的视角。

第三，探索了全要素生产率和内部控制在 CEO 权力对财务困境化解影响机制中的作用。全要素生产率这一指标衡量除经济组织投入的生产要素以外因素的生产效率，这些生产要素以外的因素包括科学技术的进步情况、组织结构优化和管理创新等。CEO 制度是在企业经营范围全球化和运营环境复杂化背景下出现的制度性创新，该项制度主要的优势有对变化因素反应速度快、决策效率高和高管专业化程度高等。本书通过实证检验发现 CEO 综合权力部分通过提高企业全要素生产率来促进财务困境化解。另外，内部控制能够监督高管人员权力的行使过程，同时帮助企业控制经营风险，通过本书的研究发现内部控制会增强 CEO 综合权力帮助企业进行财务困境化解的效果，减弱异常 CEO 权力对财务困境化解的负面影响。

第二章　文献综述

第一节　CEO 权力文献综述

一、概念与衡量研究

目前学术界对于 CEO 权力这一概念还没有统一的定义。Rabe 在 1962 年提出经理权力是其想要达到自身目标计划的意愿和能力，对于公司而言，经理人能够通过行使管理权力来调整资金投向、融资方式和并购重组计划。对于其自身来说，管理权力可能用来提高其所获得的薪资报酬和改善个人工作环境。1996 年March 提出经理人员拥有的能够压制与其具有不一致意见的能力就是经理权力。Coase（1999）在 *Contract Economics* 一书中认为管理权力是企业的外生因素，企业是通过管理层权威和行动指令来约束员工行为和解决经营问题的。Williamson等（1978）将相关利益者对于企业的权力进行进一步划分，提出由于雇佣关系合同设计条款的不完全，企业中会存在一些合同规定以外的剩余权益，他们相应提出了剩余权益控制权和索取权，这些与剩余权益相关的权力共同构成了管理层权力。Pfeffer（1981）对经理权力的定义与 March 相似但有差异，主要区别在于Pfeffer 强调了经理权力行使的目的性，其将经理权力定义为经理人在完成某些经营目标时克服相关阻力的能力。Lambert（1988）将 CEO 权力研究的重点放在对高管薪酬的影响上面，并提出 CEO 权力是其通过干预薪酬委员会和董事会制定关于薪酬政策的过程来为自身谋取利益的能力。

在 1992 年，Finkelstein 总结和发展了相关理论研究，将 CEO 权力定义为内部管理层人员令企业经营战略发展方向按照自身意愿决定的能力，并开创性地将 CEO 权力的来源明确概括为四个方面，分别是结构性权力、所有者权力、声望权力和专家权力。结构性权力源自企业内部层级结构的设置，企业的组织结构经过了长时间的演化后，形成了现代公司治理制度体系，企业内部的整体框架有其科学性、合理性和效率性。科学有效的内部组织结构能够为企业获得良好经营效益提供必要的制度基础，并且保障持续高效率的运营环境。管理层人员的所有者权力会使得自身行为目标与企业财务管理目标趋向一致，即实现股东财富最大化，从而削减了代理问题所产生的部分成本损失。当管理层利用自身声望、信誉、行业影响力和外部组织能力，为企业带来融资渠道、投资机会或者优惠政策等而获得的能力可以称之为声望权力。引起企业短期融资需求的因素有很多，如应收账款坏账率异常大幅升高、经济体系中流动性减少或者自然灾害引起的损失等，管理层人员声望所带来的政治关联会提高贷款机构为企业提供融资支持的成功率。专家权力指的是公司管理层人员通过利用自身专业技能、工作经验和职业判断等，帮助公司在战略制定和生产经营的过程中处理和应对不确定性而获得的权力。当管理层人员拥有公司股份或者作为创始人家族成员时，他们就会有成为企业主人的归属感和使命感，同时股权性质也决定了他们合法具有企业剩余收益所有权。

权力的性质本身并没有好坏之分，当人们在某个组织拥有适当的权力时能够发挥其主观能动性，并且使用专业技能和个人智慧高效率地达成组织目标。但权力却具有蔓延扩张性、占有性和排他性的特点，权力的拥有者有被权力腐蚀思想并滥用权力的可能性。当高管人员在一家公司中拥有过高的权力时，他们对于公司决策制定的控制权可能已经凌驾于内部治理机制之上，原本寄托于来自股东大会、监事会、董事会和职工组织的监督措施将会变得形同虚设，使得权力的拥有者具备了绝对权力（Chen et al.，2011）。当公司内部治理机制对拥有绝对权力的高管人员失去监督控制能力时，公司将面临巨大的潜在风险。因为此时公司的重大战略制定权将集中在某一名高管人员手中，如果绝对权力拥有者总是能够制定正确的决策，且同时具有较高的职业道德、专业能力和责任感的话，公司所面临的遭受重大损失风险将会显著降低。但是一个人的精力和体力是有限的，同时随着年龄的增长和经营环境复杂度的日益提高，管理者难免会做出错误的判断。绝对权力的拥有者在公司重大战略决策上所犯下的失误意味着是整个公司做出的错误，同时公司内部对管理者制定和执行决策的过程缺少谏言和监督措施，最终将会使公司走向衰败甚至破产（Birkelund and Sandnes，2003）。

目前学术界对于 CEO 权力的衡量方式主要是由不同维度权力来源的虚拟变量组合算出，文献中出现的衡量变量涉及董事长和总经理是否两职兼任、董事会成员规模及执行董事或者独立董事所占比例、管理层人员的任职期限、首席执行官是否是公司创始人、高管的学历水平、高管是否来自内部晋升、高管在企业外部的组织是否有兼职、管理层人员的持股比例、高管与金融机构的关联、企业股权集中度、金字塔链条的最长层数，等等。将以上权力维度变量进行量化组合的方法主要是主成分分析法（Bebchuk，2002；白重恩等，2005；权小锋等，2010；Chen et al.，2011；刘星、徐光伟，2012；Markus，2013；卢馨等，2014；白贵玉、徐鹏，2019），另外还有将这些变量进行等权重相加的等权重求和法（卢锐等，2008；王烨等，2012；王茂林等，2014；谢佩洪、汪春霞，2017）。其他还有使用高管薪酬水平进行量化的方法，权力较大的管理层人员比如首席执行官有能力影响董事会或薪酬管理委员会制定和执行薪酬制度的过程，来为自身谋取私利，于是可以通过计算首席执行官薪酬除以薪酬最高五名高管人员薪酬之和得到的百分比来衡量管理层权力（Liu and Jiraporn，2010；Bebchuk et al.，2011；Mande et al.，2012；赵息、张西栓，2013；谢盛纹、刘杨晖，2015）。

二、CEO 权力与公司治理研究

1. CEO 权力与内部公司治理研究

解决代理问题的一种途径是针对管理层人员设计薪酬激励机制，但是在具体执行过程中有众多因素会影响薪酬激励解决代理问题的效果（van Essen，2012），CEO 权力就是其中一个重要的影响因素，CEO 可能有能力和动机通过使用特定权力来影响甚至制定对自身有利的薪酬制度。卢锐等（2008）研究发现了管理层权力与管理层在职消费正相关，而且在职消费和管理层绩效具有负相关的量化关系，在 2001~2004 年的研究样本中，非国有控股上市公司相对于国有控股上市公司来说管理层的权力更大，同时在职消费更高，但业绩反而更差。

将研究样本按照管理层权力大小分为两组时，研究结果发现管理层的权力越大，高管薪酬和公司操纵性业绩之间的敏感性越强。另外还发现激励薪酬对企业价值有正向促进作用，操纵性薪酬对企业价值有负面影响。陈震和汪静（2014）从 CEO 权力的角度研究公司内部高管薪酬—规模敏感性①，研究发现当公司内部 CEO 权力增大时，高管薪酬—规模敏感性将会加强，并且控制其他变量条件后，在回归模型中加入产品竞争程度的调节变量后发现产品竞争程度可以降低高管薪酬对公司规模的敏感性。另外，在成长性企业中，高管薪酬—规模敏感性程度和产品竞争因素降低薪酬敏感性的程度更高。

CEO 权力能够显著地影响公司内部控制质量，但是不同的公司产权制度下，CEO 权力对公司内部控制质量的影响效果关系也会不同。胡明霞和干胜道（2015）从公司产权制度差异的角度对这一问题进行研究，研究结果发现当公司的控制权属于地方国有时，公司管理层权力增大的同时伴随着公司内部控制质量提高；当公司的控制权属于中央政府时，公司管理层权力与内部控制质量相关性不明显。这种检验结果说明各地方之间存在着经济绩效竞争现象，地方政府倾向于将更多的自主控制权转交给管理层，激发管理层优化内部控制提高企业绩效的动力。另外，在民营控股企业中，对于家族直接控股的上市公司，CEO 权力的增大能够显著提高公司内部控制质量，但是当公司上市方式是通过兼并重组途径时，CEO 权力和内部控制质量关系不明显（Jalilvand and Vosta，2015）。

股权激励计划是上市公司用来激励 CEO 尽职的常用措施之一，但是 CEO 有影响和改变激励措施内容制定的可能性。王烨等（2012）使用 2005 年国内股权分置改革后的上市公司经验数据研究 CEO 权力影响股权激励设置的问题，以上市公司股权激励预案公告日为基准，令公告日前一天股价和公告日前一个月平均股价中的数值较高者作为被减数，令股权激励预案中公布的行权价格作为减数

---

① 高管薪酬—规模敏感性指的是高管薪酬和公司规模的相关性程度，高管可以通过提高自身薪酬和公司规模的相关程度来降低薪酬风险。

（Hirokawa et al.，1990），两者做差后得出差值①。研究结果发现 CEO 权力与行权价格的差值呈显著正相关，即证明了管理层权力通过影响股权激励制定来为自身谋取利益的可能性。另外，将研究样本按照上市公司实际控制人性质的类型进行划分可以分为国有企业和民营企业，国有企业相对于民营企业在制定股权激励计划时倾向于披露更低的行权价格。

上市公司公布的盈利预测公告是信息披露的重要内容之一，有助于加强公司与外部投资者或其他利益相关者信息沟通，例如证券法规要求上市公司年度净利润同比向上或者向下变动超过 50% 时，需要在年度结束后一个月内发布业绩预告。孔晨和陈艳（2019）使用发布过盈利预测的部分上市公司作为研究样本，研究公司治理水平、CEO 权力和盈余预测披露质量之间的关系。公司治理水平衡量的变量维度包括第二至第五大股东持股比例之和、董事会成员中独立董事所占的比例、董事会人员的离散型序列变量、管理层持股比例、董事长和总经理两职兼任（Nishikawa et al.，2007）。研究结果表明，CEO 权力与上市公司所披露的盈余预测偏差程度呈显著正相关，说明 CEO 权力越大时预测的内容质量越差；公司治理水平与公司所披露的盈余预测偏差程度呈现显著负相关，说明公司治理水平越高时预测的内容质量也越高。另外公司治理水平在 CEO 权力对盈余预测水平的影响中能够起到调节作用，公司治理水平能够缓解 CEO 权力对盈余预测披露水平的负面效果。

2. CEO 权力与外部公司治理研究

经济运行市场化的含义是在解决社会中经济运行问题时，将市场的自发行为、现象和结果作为基础解决手段的一种状态，其核心内容是使市场供给和需求达到均衡的关键因素为价格机制（Weisbach，2007）。杨兴全等（2014）研究了 CEO 权力大小与公司现金持有量的量化关系，研究结果发现 CEO 权力和现金持有量具有正相关的关系，但是此时现金持有量却对企业价值产生负面影响。其次上市公司的地区市场化进程会影响 CEO 权力与现金持有水平的敏感性，具体体现在地区市场化进程会降低 CEO 权力与现金持有水平的敏感性，同时缓解现金

---

① 由于股权激励预案中公布的行权价格普遍低于预案公布前的股价，所以得到的样本差值数据通常为正数，并且若该数值越大则说明被激励的高管人员越受益。

持有对企业价值的负面影响。另外，较高的 CEO 权力会恶化公司的非效率投资行为，但区域市场化进程能够缓解这种负面影响。

在商品市场中生产同类商品的不同厂商之间为了增强自身商品的竞争力和获取更多的市场份额，会采取各种竞争手段，比如商品价格优惠策略、优化商品性能和细分市场精准宣传等。谭庆美和魏东一（2014）从产品市场竞争的角度研究 CEO 权力和企业价值之间的关系，同时探索产品市场竞争这一因素在 CEO 权力和企业价值之间的调节作用。研究发现当上市公司处于激烈的产品市场竞争环境中时，CEO 权力与企业价值成正比，对企业价值有正向促进效应的因素有高管教育背景、管理层持有公司股权、董事长兼任总经理和独立董事比例；当上市公司处于较弱的产品市场竞争环境中时，管理层权力与企业价值之间的影响关系不明显。研究结果表明当处于产品竞争程度较强的行业环境中时，为了促进企业价值的提高应当适度赋予 CEO 较多的权力。

上市公司的外部法制环境能够影响融资决策和投资行为，中国资本市场发展 30 多年中证券投资法律监管起到了决定性的作用（Liu and Lu，2007）。西方发达国家和中国香港地区普遍采用上市公司注册制，在我国审批制度下上市公司需要先将股权融资的规模计划进行上报，在新购发行定价机制尚不完善的情况下，通过 IPO 实际募集到的资金超过项目计划募资额的现象经常发生，也就是 IPO 超募现象。徐辉等（2019）研究新股首发超募、CEO 权力和投资效率之间的关系，研究发现上市公司在 IPO 时超募资金的情况越严重，之后的过度投资行为也越明显，进一步地，IPO 超募会显著提高企业自由现金流和管理层过度自信程度，然后企业自由现金流和管理层过度自信又会恶化过度投资现象。研究 CEO 权力的调节效应的结果显示，CEO 权力会恶化 IPO 超募行为导致过度投资的现象。另外，上市公司所处的法律监管环境会缓解 IPO 超募行为导致过度投资的现象，也会减弱 CEO 权力引起过度投资的情况。

三、CEO 权力与企业绩效研究

公司 CEO 权力大小与非效率投资行为具有相关性，而公司的外部治理机制能够对管理层的权力寻租行为起到抑制的作用。谭庆美等（2015）研究了公司非效率投资行为如何受 CEO 权力的影响，以及作为外部治理机制的产品市场竞争程度和外部大股东股权制衡因素对公司非效率投资与管理层权力敏感性的影响。研究结果发现公司 CEO 权力过大时会使过度投资现象恶化，但是不同的 CEO 权力维度对公司过度投资行为影响情况不同。当 CEO 兼任董事长时，可以降低公司的过度投资行为，而高管任职时间、学历水平和管理层是否持有股份等因素会提高管理层滥用权力进行过度投资行为（Tan and Liu，2016）。另外，作为外部治理因素的产品市场竞争程度和外部大股东股权制衡水平都能够抑制公司管理层滥用权力进行过度投资的行为。王茂林等（2014）从现金股利与 CEO 权力的关系入手，研究发现 CEO 权力越大，公司的现金股利支付率越低。当公司的内部自由现金流充足且进行过度投资时，发放现金的股利政策会减少公司的自由现金流并且同时抑制过度投资；对于内部自由现金流紧缺并且有投资不足行为的样本公司，选择发放现金股利的政策会加剧自由现金流的紧缺并且使得投资不足的情况恶化，但 CEO 权力的存在会减少现金股利政策对非效率投资行为的负面影响。

CEO 权力持续性指的是 CEO 具有某种权力持续的时间，卢馨等（2014）使用 CEO 是否兼任董事长、管理层持股比例、股权分散程度、管理层人数、总经理是否在外兼职和管理层政治关联这六个指标构建 CEO 综合权力，并且使用任职期限作为衡量 CEO 权力持续性的指标研究了 CEO 权力和企业投资行为的影响。研究发现 CEO 权力越大，公司的投资支出越高，相对于国有控股上市公司来说，民营企业中 CEO 权力和公司投资水平的正相关性更强。另外，管理层持续性和公司投资水平的相关性并不明显。张丽平和杨兴全（2012）研究发现上市公司的薪酬激励政策，比如公司内部股权激励和货币薪酬激励政策可以抑制公司的非效率投资行为，但是管理层权力和国有股权控股的性质会减少薪酬激励对非效率投资的抑制作用。唐学华等（2015）使用 2007 年至 2013 年中国上市公司研究样本研究管理层权力和非效率投资之间的关系，研究结果发现管理层权力和公司的非效率投资水平成反比，能够同时降低投资不足和过度投资，其中尤其可以降低投资过度的行为。这说明上市公司中职业经理人制度逐渐完善，可以赋予公司管理层较多的权力，发挥管理层的专业能力和职业素养来优化企业的生产经营活动。

企业生命周期一般包括发展期、成长期、成熟期和衰退期，对于上市公司来说在 IPO 时就普遍处于快速成长期，上市一段时间后充分受益于股权融资渠道优化、公司知名度提升和兼并重组等进一步发展为成熟企业，而对于经营业绩大幅下滑，丧失了成长能力或者被实施特别处理的上市公司来说则是走向衰退的迹象。谢佩洪和汪春霞（2017）以企业生命周期理论为基础，将我国制造业上市公司作为研究样本，从动态视角上研究 CEO 权力对企业投资效率的影响效应。研究发现 63% 的研究样本具有投资不足现象，但是由变量的绝对值可以看出投资过度的程度更加严重。投资不足的现象随着企业生命周期的进程出现逐步下降的趋势，上市公司投资过度的问题随着生命周期动态调整的规律是先下降再上升（Sudarsanam and Lai，2001）。不同维度的 CEO 权力对企业投资效率的影响效果不同，对于处于成长期的上市公司来说，董事长和总经理两职兼任现象和管理层持股比例会恶化企业过度投资现象；对于处于成熟期的样本公司来说，管理层人员任职期限能够有效减轻公司过度投资问题，但是董事长和总经理两职兼任现象、高管持股比例和高管任职期限却会恶化企业投资不足现象；当上市公司进入到衰退期后，不同维度的 CEO 权力与企业投资效率之间不存在显著相关性的关系。

研发投入决策对企业的长远可持续发展有着重要作用，该决策能够显著影响企业生产经营的多个方面。科学的研发决策是企业自身技术创新发展的重要支持，有助于建立企业经营的"护城河"并提高产品核心竞争力，能够保证创造价值的可持续性和市场占有率的持续发展，另外也会延长企业发展周期中的成长期和成熟期（Murphy，2002）。但是制定科学合理的研发投入决策同样有很大难度，因为技术创新具有的前期投入大、回报周期长和研发失败率高等特点。白贵玉和徐鹏（2019）以上市公司中的民营企业作为研究样本，研究 CEO 权力、企业研发决策和成长能力之间的关系。研究中衡量企业成长能力的指标是总资产净利润率，经验数据结果发现 CEO 权力能够促进企业研发投入的增加，并且也与企业总资产净利润率呈现显著正相关。研发投入变量在 CEO 权力对企业成长能力的促进作用中起到部分中介效应。另外，发现企业的运营能力能够增强研发投入对成长能力的促进作用，即起到调节作用。

四、文献述评

本部分对 CEO 权力相关文献进行了详细梳理并划分为三个研究方向，分别是 CEO 权力概念与衡量研究、CEO 权力与公司治理研究、CEO 权力与企业绩效研究。目前，学术界对于 CEO 权力这一概念还没有统一的定义，但 Finkelstein（1992）发表的关于 CEO 权力的研究文献具有较大影响力，其将 CEO 权力定义为 CEO 令企业经营战略发展方向按照其自身意愿决定的能力，并开创性地将 CEO 权力的来源明确概括为结构性权力、所有者权力、声望权力和专家权力四个方面。CEO 权力与公司治理研究又能够细分为内部公司治理和外部公司治理，CEO 权力受到的内部治理影响因素有组织层级结构的设置、内部控制和企业风险管理、薪酬激励体系、人力资源管理、企业生命周期和企业文化等；CEO 权力受到的外部治理影响因素有经济周期波动、国际和国内金融风险传导、财政政策、货币政策、产业政策、行业技术革新、上下游及替代品风险等。本节通过详细梳理和分析与 CEO 权力相关研究文献，发现相关研究有望在以下几个方面进行改进。

第一，CEO 权力的分类与量化需要进一步研究。根据文献梳理可知，关于 CEO 权力的具体量化方法在不同文章中是不同的，即使同一个作者在不同的研究中所使用的量化方法也有差异（李胜楠、牛建波，2014）。目前学术界对于 CEO 权力的衡量方式主要有两种，最为广泛的是以 Finkelstein（1992）四维度衡量法为基础的各种变形，文献中出现的衡量变量涉及董事长和总经理是否两职兼任、董事会成员规模及执行董事或者独立董事所占比例、管理层人员的任职期限、CEO 是否是公司创始人和高管的学历水平等，不同文献使用不同的变量进行组合后得到 CEO 权力的量化值。第二种量化方法是使用高管薪酬水平进行量化的方法，通过计算首席执行官薪酬除以薪酬最高五名高管人员薪酬之和得到的百分比来衡量 CEO 权力。不同的量化方法基本思想并不一致，根据第一种四维度衡量法可知 CEO 权力的来源是良性的和积极的，权力来源初衷是好的。使用异常管理层薪酬进行量化的方法本身就是基于代理理论中的管理层人员机会主义和投机主义的假设，所以这种方法本身就是负面因素的合成量化，于是形成的 CEO 权力变量指标所产生的经济后果通常也是不利于企业发展的。

第二，丰富理论研究的出发点。目前，关于 CEO 权力研究的理论出发点大多是基于委托代理理论，该理论认为作为委托人的股东和作为代理人的管理层人员之间存在着代理冲突，为了防范管理层人员实施投机主义、机会主义、逆选择和道德风险的行为和动机，企业需要设置相应的监督管理机制。但是管家理论丰富了 CEO 权力研究的理论出发点，管家理论主张高管人员为了满足自身的成就感，会积极地接受具有挑战性的工作并主动承担工作责任，努力地争取企业领导和同事们的认可，并想要在工作中树立自身权威，这些精神上的获得会对高管人员产生内在激励。即使对于不持有公司股权的高管人员来说，通过建立稳定的聘用关系和多种薪酬激励的方式也能将自身利益与企业发展紧密结合在一起。

第二节　财务困境化解相关研究

一、财务困境概念及困境事前研究

在进行财务困境化解相关研究之前，需要先梳理分析财务困境问题的研究成果。国外的研究文献多以企业是否发生破产当作代表陷入财务困境的指标，但是我国目前的法律或条例中并没有关于财务困境的明确定义，于是国内有大量的研究文献使用上市公司是否被实施特别处理（ST）作为代表企业陷入财务困境的指标（胡汝银，2006；鲜文铎、向锐，2007；陈磊、任若恩，2008；过新伟、胡晓，2012；等等）。在指标选择上出现差异的一个主要原因是我国目前出现上市公司破产的案例很少，对于发生严重的财务危机的上市公司更多选择采取重组或者卖壳等措施在企业破产之前采取应对措施。另外，建立逻辑回归模型时被特别处理的上市公司和正常交易的上市公司之间能够进行明显的区分，从而得到可以赋予研究意义的二值虚拟变量。根据我国证券交易所交易规则的规定，上市公司出现以下情况的实施特别处理：第一，审计报告显示年度所有者权益为负值；第二，审计报告的意见是无法表示意见或否定意见；第三，解除退市风险警示的公司的审计报告显示没有正常开展主业经营，或者扣除非经常性净利润是负数；第四，公司主要营业设施受到意外因素破坏，生产经营无法正常进行且三个月内无法恢复；第五，公司主要银行账户被冻结；第六，董事会无法正常召开并达成董事会决议。由于这种因变量的选择只有两个结果：一个是企业陷入严重的经营困境；另一个是企业正常经营，而没有中间过渡的阶段。当发现企业陷入严重经营困境时，想要进行业绩的逆转常常已经无力回天（Melis and Rombi，2018）。

财务困境预警指基于公司财务报表数据、发展战略、经营策略和其他商业信息，利用包括统计学、逻辑学和人工智能等多种分析方法，对公司的发展方向、经营结果和财务状况进行预测，目的是发现公司在经营过程中可能潜在发生的各种经营风险和财务会计风险，并在风险导致的危机发生之前对公司相关管理者发出警告，并帮助其采取纠正措施的一套系统（Lobo and Ramos，2011）。企业财务困境预警机制的本质作用是通过研究分析出影响企业财务困境风险的关键因素，当这些因素出现明显影响公司财务情况的负面变化时，预警机制就要发出警示信号，能够准确指出发生恶化的具体指标并且及时提出改良和预防措施，进而减弱或者消除财务困境风险（Li and Xue，2014）。

使用单个变量对财务困境风险进行量化的理论研究最早出现在 1932 年，Fitzpatrick 在统计技术较低的年代对比出现财务危机的公司和较为成功的公司之间的财务数据。将一家发生财务危机和一家未发生危机的公司进行配对，一共得出 19 对样本公司，经过对比发现使用单一的财务比率数据可以对财务危机的出现起到预测作用，这种指标的差异会在最终发生危机前三年持续出现，且预测效果较好的指标是所有者权利净利率和产权比例。在 1968 年 Edward Altman 提出了著名的 Z-score 模型，该模型以发生破产的企业为研究样本，挑取 20 多个财务比率指标，使用统计学技术筛选出最终含有五个主要变量的 Z 得分模型，公司发生财务危机的概率和 Z 得分的数值成反比，Z 得分越大，公司发生财务危机的概率越小。Z 得分模型在世界范围内得到了广泛应用，为财务危机预警的相关学术理论研究和公司实践都做出了重要贡献。

姜秀华等（2002）选取 42 家被特别处理的上市公司作为研究样本，建立的逻辑回归模型包含的解释变量有销售毛利率、其他应收款占总资产的比例、短期借款占总资产的比例和股权集中度。研究结果表明其他应收款的比例在公司出现财务危机之前两年就有较好的预测效果，短期借款的比例在公司被 ST 前三年就可能上涨，股权集中度越低发生财务困境的概率越大。其他应收款科目常是上市公司和控股股东发生关联交易的灰色地带，控股股东可能通过关联交易攫取上市公司的优质资产。短期借款在短时间内的大幅上涨更是直接表明公司难以通过发行股票或者债券来进行长期融资，反映出公司的融资能力的大幅减弱。对公司财务困境危机的识别可以有效地帮助投资者、管理层和监管层来减少风险，宋素荣和于丽萍（2006）以国内近150家上市公司作为研究样本，从公司财务质量、战略发展规划和管理层特征等方面选择财务困境风险相关指标。实验研究过程是先使用差异性分析的方法，即T检验来发现与公司财务显著相关财务指标，然后建立逻辑回归模型进行财务困境预警概率的回归，得出的预测结果是在公司被特别处理前三年进行正确识别的概率分别为66%、77%和81%，预测结果优秀。

对于某一特定行业上市公司的财务困境风险问题值得区分式的研究，蒋亚奇（2014）将国内旅游行业上市公司作为研究样本构建Probit模型，同时为了解决自变量之间数据量纲的差异性，将各个数值除以固定资产总值。结果发现与公司财务困境风险正相关的指标有长期股权投资金额、管理费用和在建工程金额，这说明企业在长期投资、资本支出和公司管理等方面还需要进一步加强。与公司财务困境风险负相关的有公司净利润、国有性质法人持股比例、固定资产净额和销售费用，公司净利润的增加切实可以为公司提供更高的偿债能力，而国有性质持股比例可以为公司增加政府信用背书，固定资产净额的大小也反映出资产的实力（Kundid and Ercegovac，2011）。

神经网络模型本身涉及了一个庞杂的学科体系，在模型的设计之初少量借鉴了关于神经生理学的研究，尝试通过建立数学模型的方式来尽量模拟（Kaastra and Boyd，1996）。但是实际上目前的神经网络模型与生物科学中的神经元细胞处理方式有着很大的不同。杨淑娥和黄礼（2005）使用人工神经网络模型，对我国120家上市公司数据为基础作为训练样本，另外使用相同时期的60家上市公司作为模型的检验样本。使用人工神经网络模型训练后的结果和主成分分析法训练后的结果对比发现，神经网络模型对于检验样本判断结果要明显好于PCB分析法。吴德胜和梁樑（2003）使用PNN模型建立指标体系来对中国上市公司进行财务困境风险预测，选取了32家公司为模型的训练样本，每家公司的数据特征选取七个，最后的训练结果是提前三年预测成功的概率是81%，提前一年预测成功的概率是87%。

使用财务数据进行财务困境预警的研究是非常有必要的。首先，财务数据容易被公司的管理层所获取，并且可以及时根据数据识别潜在的财务困境风险。其次，外部投资者可以充分利用三大财务报表来分析公司可能面临的各种风险，进而优化自身的投资计划（Régis et al.，2007）。最后，审计部门可以根据财务数据和指标对公司持续经营情况做出合理的判断，并以风险导向型的审计方法为手段。一些学术文献研究结果表明将神经网络模型应用到公司财务预警体系构建中有着很好的效果，在大部分情况下预测效果也要好于传统的回归模型。不管面对哪一种机器学习任务都是没有标准答案的，在实际获取的数据中进行训练测试也能使用计算复杂性理论来进行分析。不过不能使用准确性去评价各种算法，假如一个排序的算法每次的训练结果不能得出一个有序的列表，则其就不能成为一个排序算法。

二、财务困境化解概念及量化研究

国外学者对于财务困境的研究开始于 20 世纪 60 年代，而财务困境化解的理论研究起步就相对较晚。在 20 世纪 80 年代国外关于财务困境化解的研究关注度在于困境恢复后的绩效提升上，绩效的提升内容涉及市场绩效和经验绩效（Citron et al.，2003）。财务困境化解的市场绩效主要指的是研究对象的股价提升情况，在二级市场中，公司的股权理论价值是未来全部自由现金流的现值，这也是上市公司的内在价值，虽然短期内股价波动的直接原因是证券的供给和需求，但是市场中推动股票买卖行为的主要动机是投资者对于上市公司内在价值的预期（Garlappi and Yan，2007）。按照财务困境化解后的市场绩效观测时长又可以分为短期和长期两种，其中短期市场绩效有被称为业绩的公告效应。财务困境化解的经营绩效观测起来则更加直观，主要是因为能够通过对财务数据计算得到。

Das 和 Leclere（2003）所研究的样本特点是公司先是陷入了非预期的财务困境状态，随后其成长能力又发生了显著好转。该研究的关注点是样本公司从财务困境状态逆转到盈利状态的速度①，研究结果表明公司进行财务困境化解的可能性和恢复速度都会受到管理层反应行为的影响，结果显示资产规模大公司能够比小公司更快地进行财务困境化解，大公司反而在成长能力改善方面具有更大的弹性和更高的灵活性。具体来说，资本支出决策、企业内部现金流提高和员工人数加快对财务困境化解速度有积极的影响，而长期债务的规模和销售费用、管理费

① 具体衡量的方法是样本公司从最初出现亏损的年度到持续盈利的第一年所经历时间的长短。

用增加会降低恢复速度。Rosenfeld（2014）以处于财务困境的美国上市公司为样本，研究了处于财务困境的上市公司与银行之间的关系对财务困境化解的影响。文章中将财务困境化解的标志定义为公司的期望违约概率（EDF）的实质性降低，比如由于资金流动性大幅提高所导致的期望违约概率下降，或者样本公司从预期违约名单中剔除。研究结果表明，如果上市公司在被识别出陷入财务困境之前六个月内获得了银行信贷支持，则会显著提高未来化解财务困境的概率。

国内关于财务困境化解的研究起步较晚，赵丽琼和柯大钢（2008）最早在国内相关理论的基础上开始了对财务困境化解问题的研究，文中将样本按照被实施特别处理（ST）后两年内是否能够"摘帽"分为财务困境化解和未恢复两组，然后研究影响财务困境化解的因素有哪些。结果发现与财务困境化解概率显著正相关的变量有主营业务收入净利润率、自由资产数量和经营效率主导的战略措施，其中自由资产指的是全部有形资产超过企业全部负债的数值，经营效率主导的战略的关注点是提高资产的利用效率，而不是资产规模的扩张，文中使用有形资产的缩减程度进行衡量。在这之后，国内关于财务困境化解的量化标准主要选择的是被 ST 的上市公司进行了"摘帽"处理（过新伟、胡晓，2012；和丽芬等，2014；姚珊珊、沈中华，2016）。陈艳利等（2015）将样本定义为陷入财务困境的方法是公司的息税前利润低于利息费用的状态，当样本的息税前利润再次超过利息费用后，则认为样本公司完成了财务困境化解行为。

在 20 世纪 30 年代管理学学术论文中出现使用回归统计模型来研究财务问题后，类似研究方法的学术论文数量经历了雨后春笋和迅速爆发的阶段。大量使用回归模型的研究文献对学术界和理论界关于财务困境风险量化模型的研究有着重要的贡献作用，其中一个主要贡献是在于寻找相关因素的研究上（Cressy and Farag，2012）。财务困境状态衡量体系指标主要集中在成长能力、偿债能力、成长能力、运营能力和公司治理能力等，从中可以看出指标体系中关于现金流质量影响力和部分非财务指标研究的缺乏。现金流质量指的是公司的现金流量变动情况可以按照管理层预期的目标和计划，保障公司各项生产经营活动顺利进行，所以是一项重要的公司经营质量衡量指标。之后，文献的研究内容在财务困境衡量指标体系中增加了经营活动产生的现金流量净额与营业收入比值、经营活动产生的现金流量净额与净利润比值和现金营运指数等指标，目的是弥补主观财务造假动机和坏账率波动等引起的衡量偏差。另外，商誉这一资产在上市公司财务中所能引发的风险需要引起学术界和实务界的共同重视（Baker，2013）。

三、财务困境化解的影响因素研究

1. 财务困境化解的内部影响因素研究

根据马科维茨（1952）提出的现代资产组合理论，分散化投资可以降低投资风险。现代企业经营中，不同的企业在经营范围中选择不同的经营策略，部分企业选择进行多元化经营策略，而一些企业选择将经营的范围固定在某一特定领域，将专业化做到更加极致。吴国鼎和张会丽（2015）利用中国上市公司的数据检验公司的多元化经营是否降低了公司的财务困境风险，衡量困境风险的指标选用修正的阿特曼 Z 值，研究结果发现对于实验样本来说，多元化水平和企业财务困境风险呈显著正相关，这说明了企业多元化水平提高，财务困境风险水平也提高，而且文章中的研究结果在民营企业和国有企业中同样适用。

高管变更是内部公司治理研究中的一项重要内容，内部的高管变更与企业业绩有着一定的相关性，当企业的业绩下降时也常常会伴随着高管人员的变动（Walsh，1988）。目前，关于企业财务困境化解的文献研究中提供了一系列策略措施，然而 Sudarsanam 和 Lai（2001）认为缺乏使用大量的样本研究来检验这些策略的一般适用性和有效性，于是他们着手检验困境恢复策略的有效性并确定影响有效性的潜在因素，包括策略实施的时机、实施强度和策略对企业恢复的影响程度。文中调查了 166 家可能破产的英国公司，并跟踪这些样本从财务困境中恢复的三年中所使用的策略，这些恢复策略包括运营管理、资产管理和财务重组等。研究结果表明脱困公司和未脱困公司采用了非常相似的策略，但未脱困公司的管理者比脱困公司进行了更为频繁的重组活动，然而未脱困公司在战略实施方面的效率要远低于脱困公司。脱困公司采用的策略特点是以业绩增长为导向、以外部市场为中心，而未脱困公司常常采用消极防守型的脱困措施。

以往的部分经验证据支持财富征收假设，即由某些类型的股权结构和董事会组成的公司治理机构导致的公司治理水平薄弱，由此会减少对少数股权财富的征收，反过来又降低了公司的价值。为了研究公司财务困境是否与这些公司治理特征有关，Lee 和 Yeh（2004）采用三个变量来代表公司治理风险，分别是控股股东占董事会成员的比例、控股股东质押股份的比例和现金流量控制偏离权。使用二元逻辑回归对样本数据进行拟合，生成二元预测模型，中国台湾地区的上市公司特征是所有权高度集中，这与大多数国家特点类似。研究结果表明上述三个衡量公司治理风险的变量与下一年的财务困境风险呈显著正相关，一般来说，公司治理薄弱的公司很容易受到经济衰退的影响，陷入财务困境的概率也会增加。

公司治理的架构设计和影响因素是目前企业内部环境研究的重要部分，公司内部治理包括董事会特征、股权结构和高管激励等。于富生等（2008）提出由于存在信息不对称等因素，公司的股价并不能很好地体现公司所面临的经营风险和财务困境风险，这种现象在中国这样的新兴市场国家尤为突出，所以有必要探究公司治理因素对财务困境化解的影响。研究过程使用股权集中度、独立董事比例和高管持股作为解释变量，结果发现股权集中度与财务困境风险显著正相关，董事长和总经理的职位分离的虚拟变量、独立董事比例和高管持股比例与公司财务困境风险显著负相关。

上市公司的内部会计信息可以反映和衡量其面临的系统风险，吴武清等（2012）提出财务理论模型研究公司财务困境风险和经营风险对系统困境风险的影响机制，通过引入随时间发生变化的财务杠杆、经营风险和资本结构对企业系统风险的影响，发现企业的商业风险会被财务杠杆和经营杠杆的乘数效应所放大。数据回归实验的结论是企业的商业风险由代表估值水平的净利润和流通市值比、代表成长能力的销售增长率、代表产品竞争力的平均价格增长率所共同决定。庞明和吴红梅（2015）以我国中国石油天然气集团有限公司、中国石油化工集团有限公司和中国海洋石油集团有限公司三大石油公司在港交所的财务数据为基础，从现金流的角度来研究财务困境风险的影响因素。得出的结论是：与财务困境风险负相关的是经营活动现金流的增长率和投资现金流入和投资现金流出的比例；另外，由于数据量较少的缺陷使得净利润现金比例和筹资活动现金流入与流出的比例在回归模型中并没有得出假设预期的结果。

对于一个有控股股东的公司来说，可以假设控股股东和其他股东的风险偏好是中性的，他们追求期望利益最大化的目的是相同的（Lobo et al.，2011）。控股股东可以使用留存收益进行新的项目投资，也可能采取投机手段掏空公司利益，比如控股股东违法获取的利益只是项目收益的一部分。黄曼行和任家华（2014）

基于上述条件建立理论分析模型，推导出两个结论：公司所有权集中程度和财务困境风险反向相关；加入地区投资者保护程度变量后，投资者保护程度可以降低股权集中对财务困境风险的负面影响，同时对于困境恢复能够起到积极的促进作用。

2. 财务困境化解的外部影响因素研究

国家的宏观经济政策通过影响货币供给和银行信贷等途径来影响公司的财务困境化解。彭中文等（2014）使用了2012年之前十年的房地产企业上市公司的数据来研究宏观经济政策对房地产公司财务困境程度的影响，结果发现国家的宏观政策越宽松，房地产上市企业陷入财务困境的风险反而越大，反之当宏观政策趋紧时，房地产上市企业陷入财务困境的风险越小。另外，有助于促进房地产上市企业进行财务困境化解的变量指标有监事会和股东会的开会频率、董事会规模、股权集中度和高管薪酬。

季伟伟等（2014）使用2007年至2011年非金融行业上市公司的数据为基础研究货币政策和公司财务困境风险的关系。结果发现宽松的货币政策确实可以降低上市公司的财务困境风险，反之会提高财务困境风险。另外企业的投融资政策会显著影响宏观货币政策的实际效果，具体来说，当企业进行大额度投资和债务融资行为时，会部分消除宽松货币政策对企业财务困境风险的降低作用，也会恶化紧缩货币政策的负面效应。当使用宽松货币政策来刺激企业扩大投资时，其实也提高了大规模扩展企业发生财务危机的可能性，毕竟宽松的货币政策也伴随着通货膨胀等负面危害（Lawless et al.，2015），企业进行扩张时需要面临购买原材料、雇佣人力资源和租金等成本，这些经营成本也伴随着通货膨胀水涨船高，导致项目收益率下降，当项目的收益率小于金融负债实际利率时就会引发财务危机。

国内一些学者在选取研究样本时，对于是否发生财务危机的判别标准的选择是上市公司是否被特别处理（ST），但是这种分类方法具有一些缺点，其中最主要的原因是公司发生财务危机是一个逐步恶化的进程，等公司发出财务危机的通知后已经为时已晚，公司已经不能采取适当的措施进行纠正，财务危机预警系统的作用也就丧失了。符刚（2015）提出为了体现公司发生财务危机的过程，将出现财务危机的样本公司财务状态分为两类，先是轻度财务危机，后是重度财务危机，另外对比样本的财务状态是财务状况良好。由于一些研究文献使用数据经验研究法发现，公司发生财务危机的当年财务数据和该公司之前七年的财务数据呈现显著相关性，所以作者将样本公司被特别处理的当年之前倒数七个会计年度，如果前七年公司的净利润为正数，则被称作财务状况良好。样本公司被特别处理的会计年度数据被定义为重度财务危机，此前的五个年度财务数据被定义为轻度财务危机（Whitaker，1999）。然后使用神经网络和 Kalman 滤波器模型建立财务预警系统，结果发现正确预测结果的概率超过 73%，尽管这个概率并没有很大的提高，但是也证明了将两种模型进行结合可以改进预测的效果。

公司的经营环境深受其所处的行业环境影响，并且反作用于行业环境。行业环境的风险通过间接传导的方式传导到公司财务活动中，行业环境的变化内容包括市场风险、替代品风险、技术风险和行业政策风险等，这些风险的变化可能通过供给、生产和销售等途径来对公司的经营进行冲击。张友棠和黄阳（2011）提出行业环境变化只是影响公司陷入财务困境风险的外部客观因素，而内生因素却能使公司内部组织结构产生经营管理惰性。传统财务困境量化模型常常使用线性回归来寻找与财务困境风险相关的因素，但是这种方法只能静态地定位到具体影响因素上，不能探索出财务困境化解的有效路径。系统动力学模型的优点包括：一是解释财务困境风险恶化的逻辑传导路径，找到其中的因果关系和困境恢复的关注点；二是可以对被解释变量做出敏感性分析，对影响的结果进行量化分析。

政府对国有企业经营管理干预能够显著影响处于财务困境的公司脱困的情况，地方政府担任着社会稳定和经济发展双重职能，所以对于当地的国有企业来说，地方政府具有对其进行干预的职责和动力（Liou and Smith，2006）。对于地方政府的社会稳定职责来说，当地的就业情况、薪资水平和社会安全是政府的工作重点，稳定的社会环境也是当地经济发展的基石。对于政府的经济发展职能来说，国有资产产权的拥有者是政府机构，由于之前的国有资产评价管理不太健全，导致地方政府机构十分注重国有资产的保值增值，即使对于产能过程和技术落后的国有企业也进行大力度的财政支持，导致了国有资产的浪费。陈艳利等（2015）在国有企业深化体制改革的背景下，研究了国有产权性质、政府干预措施和财务困境化解之间的关系。文中从政府干预的两种途径进行研究，分别是国有企业和民营企业同省级层面的干预和政府直接干预。省级层面的干预水平衡量变量有当地财政盈余水平和地区市场化指数，政府直接干预企业经营的程度变量有政府补助、财务困境时期是否发生并购的虚拟变量和企业的产权性质。研究结果表明，政府的干预程度越高，处于财务困境的企业经营绩效改善越好，但是对于两种政府干预企业的途径，民营企业的财务困境化解效果要优于国有企业，其中主要是受国有企业内的委托代理冲突所导致（Aretz and Shackleton，2011）。另外，政府干预企业经营的程度与企业财务困境化解的时间呈现负相关，说明政府干预加速了企业脱困。

四、文献述评

本节详细梳理了关于财务困境化解研究的文献，并按照研究主题分为了四个部分，分别是财务困境概念及困境事前研究、财务困境化解概念及量化研究、财务困境化解的内部和外部影响因素研究。财务困境的状态大体上可以分为事前、事中和事后阶段，事前阶段主要研究的内容是财务困境的预警，这也是财务困境问题中研究最为广泛的领域。影响公司财务困境化解的因素可以分为内部因素和外部因素。内部因素包括公司治理结构、投资融资政策、工资薪酬制度、经营计划和发展规划等。外部因素一般包括财政政策、货币政策、行业规章和国际影响因素传导等。本节通过详细梳理和分析与财务困境化解相关的研究文献，发现了以下有望改进的研究方面。

第一，国内学术界对财务困境化解阶段的研究相对不足。经分析，本文认为财务困境阶段研究侧重点产生的差异主要原因有以下方面：一是不同阶段衡量的标准具有差别。财务困境预警主要研究的是样本企业从财务状况良好转化为财务困境的概率，文献中对于陷入财务困境状态衡量的标准研究较充分，一般包括财务指标恶化到某种程度、发生债务违约、陷入破产重组和上市公司被实施特别处理（ST）等。绝大部分文献采用了已"摘帽"的被 ST 的上市公司作为财务困境化解的状态转化标准，所以量化标准较为单一。二是能够用作研究财务困境化解的样本数量相对较少，在选取进行财务困境化解研究的样本时，通常以正处于 ST 状态的上市公司作为研究样本，相对于正常交易的上市公司数量来说被 ST 的公司数量较少。

第二，缺乏从 CEO 权力角度进行财务困境化解影响因素的研究。高管人员的才能是企业经营业绩和战略实现的重要影响因素，高管人员施展才能的主要途径就是通过行使企业所赋予其的权力。积极的权力来源能够产生良性的经济后果，而当高管人员拥有异常权力时又将会对企业产生负面影响，所以有必要从不同类别 CEO 权力的角度研究其对财务困境化解的影响结果。

第三章 理论基础与影响机理分析

第一节 CEO权力的理论基础

一、委托代理理论

委托代理理论的研究首先遵循两个假设前提：一个是委托人和代理人之间存在利益冲突，另一个是委托人和代理人之间同时存在信息不对称的现象。

微观经济学的基本假设之一是经济活动的参与方都是理性经济人，每个参与人的行为目的都是追求自身利益最大化。委托人和代理人同样满足微观经济学中的基本假设，双方委托行为和代理行为的目标同样也是令自身利益最大化。在一项委托代理活动关系中，代理人接受委托后付出自身精力、体力和智力劳动来换取报酬，所以代理人的成本是自身所付出的努力，收益是收到的薪资报酬，两者之差就是代理人所得到的利益。对于委托人来说，其付出的成本是支付给代理人的报酬，收益是代理人所产生的工作成果，当代理人产生的工作成果超过支付的薪资报酬时，委托人获得的利益就为正，否则就为负。所以通过上述对代理人和委托人各自目标内容的分析可知，双方之间是存在利益冲突的。如果代理人想要提高自身所获得的利益，可以通过降低自身成本，即减少为工作所付出的努力，这样就会减少委托人的收益。或者代理人通过获得合规薪资以外的报酬来为自身谋取私利，这样又会增加委托人的成本。对于委托人来说，为了提高自身所获得利益，可能采取降低成本的方式，即减少向代理人所支付的薪酬，这样就会降低代理人的收益。基于以上分析可知，代理人和委托人之间普遍存在着利益冲突现象。

Spence（1974）研究信息不对称问题的实践场景是美国的劳动力市场，他发现哈佛大学毕业的学生比指导他们的教授每年多赚取十几倍甚至几十倍的工资，为了研究这种现象背后的原因，Spence 开始了长期的研究观察。在招聘活动中，应聘者从书面简历中的学习经历、实习经历、科研经历、学生会活动经历和爱好特长，到面试时的西服、皮鞋和领带都经过了精心的准备。企业的人力资源部人员要在海量的应聘者中选择出适合潜在员工需要制订科学的选择计划，否则将会造成多余的人力和财力的浪费，对于人事部门招聘过程中所付出的成本，Spence 把它称为"获得成本"。劳动力市场存在高度的信息不对称性，招聘者为了找到合适的应聘者同时还要考虑获得成本，在两者的综合考量下招聘者需要通过某些特定的信息来判断应聘者的能力，这些信息中最重要的就是学历信息。具有世界级优秀大学毕业证的应聘者已经可以大概率保证其具有卓越的学习能力，在后续的工作中稍加培养就可以胜任岗位。Stiglitz 和 Weiss（1981）在车辆保险市场研究了在信息不对称情况下，保险公司如何采取相应的措施来保障自身的利益。购买车辆保险的车主在使用车辆的过程中如果受到碰撞，发生的损失将会由保险公司进行赔偿，由于这种心理的存在，购买保险的车主就会更加粗心大意，发生赔偿事故的概率越大，从而导致保险公司发生赔偿损失。其中一个解决办法就是设定浮动的保险费率，使车主购买车险的费率和发生碰撞事故的频率呈正相关，这样为了下次购买车险时能够支出较少的费用，车主就有动力去谨慎驾驶，大大降低由于道德风险所引起的保险公司赔偿损失。

代理人和委托人之间存在着利益冲突，并且两者之间同时也存在着信息不对称的现象，由此会产生代理成本、逆向选择和管理层人员腐败等问题。在代理理论的研究基础之上，缓解或者解决代理问题的方法途径包括：建立董事会与管理层人员之间的透明信息沟通机制、设计与公司绩效相绑定的薪酬激励机制、管理层持股和 MBO 措施（管理层融资收购）等。

委托代理是人们在商品或服务交易过程中的一种契约关系，这种契约关系将会分配、保护和协调双方当事人的利益关系。契约是当事人之间（双方或者多方）签订的一项协议或约定等，其中最为典型的代表就是合同。广义上的契约概念包括所有的法律法规和各级制度，狭义上的契约概念包括商品和劳务的交易活动。Coase 在 1937 年所创作的论文 *The Nature of the Firm* 可以被认作是契约理论的研究起源，Coase 认为由于对未来情况的难以预测，将会导致当合同签订期限较长时，卖方的合同行为越难以被规定。由此可以看出交易行为是契约的一种，并且契约内容的制定难度会随时间的推移而增加。

契约理论发展的两个分支分别是完全契约理论和不完全契约理论。完全契约理论的关键假设前提有：签订契约的各方当事人是完全理性的，有能力预判出未来所有可能出现的情景；签订契约的委托人和代理人之间存在信息不对称，代理人具有对自身有利的私人信息；影响契约的关键变量是可验证的。基于以上前提假设，完全契约理论提出的核心观点是签订契约的委托人和代理人在考虑到未来可能发生的所有情况下，制定的契约内容能够构建效率最优的风险承担和收益分配机制，最终能够形成约束条件下的次优效率（Alchian and Demsetz，1973）。委托人对代理人进行激励和约束的主要方法是进行经营风险分担和提供薪酬激励工具，以减少代理人实施道德风险行为的动机。只能达到次优效率的含义是在存在委托代理问题和信息不对称的情况下，风险承担和收益分配机制无法达到社会最优状态，只能退而求其次达到次优效率状态。

不完全契约理论主张的观点是契约制定的内容是不完美的，签订契约的各方当事人的理性是有限的，这也符合契约在实际操作中的现象，完全契约理论只是一种理想化的情景。初代不完全契约理论的主要研究成果是 GHM 模型（Grossman and Hart，1986；Hart and Moore，1990；Hart，1995），模型的主要含义是签订契约的参与者只是有限理性，无法预判或者向第三方证实未来可能发生的所有情况，所以初期签订的契约内容是不全面的。之后等环境状况明确之后，制定契约的所有相关变量都是可证明的，于是委托人和代理人可以在原契约的基础上进行有效率的二次谈判。参与契约执行的当事人已经付出了专用性人力资本，再次谈判时会进入双边垄断的境地，即在要素市场上生产要素的买方是垄断者，同时在产品市场上产品的卖方也是垄断者。此时将投入的专用资本变成沉默成本一方当事人可能会被另外一方"敲竹杠"，被赚取由于投入专用资本所产生的准租金。如果当事人提前考虑到对方可能会利用沉默成本这一不利条件在未来"敲竹杠",其就会在事前降低专用性人力资本的投入,所以这又会使最优效率无法实现,比如减少了原材料或者人力储备导致订单无法按照合同约定完成等。其中一种解决方法是在执行契约之前,将前期资本投入较少一方的产权分配给前期投入较多的一方,这样前期投入较多的一方能够在再次谈判中增加谈判筹码和外部选择权,前期资本投入能够得到保障进一步达到次优效率。双方当事人由于产权的交易行为会形成隶属关系,企业的边界也随之产生变化。

GHM 模型本身也有缺陷,该模型十分依赖契约资产的专用性前提假设,比较适合用于解释上下游企业边界问题,但不能解释企业内部授权的问题。Hart 和 Moore (2008) 关于契约理论模型提出了新的假设前提:第一个是契约的事后交易情况只能是部分可证实,可证实的程度取决于委托人和代理人之间的履约方式,一种方式称为细致型,即能够按照契约中的内容所执行;另一种为粗糙型,按照契约的本质来模糊执行,所以对于法院来说无法完全执行。第二个是增加了三个行为经济学因素,分别是心理参照点、自利偏见和互利或反击。

引入行为经济学要素的契约理论中委托人和代理人都将契约约定内容当作自身的心理参照点。在经济环境变化后,当事人对于获取利益的期望会影响后续的契约履行行为。如果在经济环境变化后一方当事人感觉自身的期望利益被侵占了,其就倾向于使用粗糙型的契约条款内容去实施寻租行为,由此就会产生无谓损失。可以通过在契约合同内容中制定固定价格来减少由于投机性行为所导致的损失,但是制定固定性的刚性价格又会降低事后谈判调整的灵活性。综合考虑来说,由于加入了行为经济学要素,契约参照点因素会引起投机行为的发生,所以契约内容选择制定固定价格的方案会比灵活价格产生更多的剩余价值。Fehr 等 (2009) 选取了 28 名大学生对加入行为经济学要素的契约理论进行实验研究,研究发现由于心理参照点影响因素的存在,使得具有刚性价格内容的实验组产生了更多的期望利润。另外发现契约再谈判时的环境不是竞争性时,契约内容就失去了心理参照点的作用,该结论说明契约执行效率会受到再谈判时环境特征因素的显著影响。

二、管理层权力理论

最优契约理论提出公司股东与管理层人员之间签订的契约想要达到双方利益最大化的理想结果，需要具备一些特定前提。这些前提包括外部市场能够对公司内部管理层人员进行有效监督，董事会与管理层人员相互保持独立性，股东能够通过使用股东决议、行政措施或者法律诉讼等途径行使权力。但是企业在正常经营过程中难以同时满足最优契约理论所提出的三个前提条件，所以管理层人员仍然能够通过行使投机性行为为自身谋取利益。

管理层权力理论的研究起源于对高级管理人员薪酬制定机制和影响因素的研究，随着越来越多的理论经验证据证实了企业管理层人员能够影响其薪酬制定的现象，管理层权力理论逐步演化成一个独立的理论体系。Crystal（1991）针对美国公司的管理层人员薪酬进行研究，发现高管薪酬一直呈现螺旋式的上升趋势。文中认为出现这种现象的主要原因是管理层人员在制定薪酬制度的过程中有着足够的讨价还价能力，管理层人员包括薪酬管理顾问和薪酬委员会中的委员，甚至具有影响力的高管人员还会利用财务会计准则委员会和证券交易委员会等。其他一些文献也证明了管理层人员对企业权力机构的影响，Boyd（1994）的研究发现，企业内部的董事会控制能力与首席执行官薪酬呈负相关，即当董事会的控制能力越强时，首席执行官薪酬越低。另外，使用独立董事制度也没有对管理层薪酬起到理想的监督作用（Hermalin and Weisbach，1991；Main et al.，1995；Borokhovich et al.，1996）。

企业董事会成员在管理层人员薪酬制定的相关谈判中有时可能是无效的，在契约理论中董事会站在股东的立场上与管理层人员进行谈判，所以董事会自身必须具有独立性。但是在企业实际经营过程中，管理层人员却可以通过干预董事会成员的选举过程来影响董事会的独立性（Hermalin and Weisbach，1991）。虽然公司法中写明了董事会成员由股东们进行选举产生，但是股东本身的主要责任包括足额认缴出资和承担企业剩余风险，可能没有精力和专业能力对每个董事候选人进行细致的风险调查，所以股东们在选举董事会成员时会仅针对高管人员统一或提名的候选人进行投票。董事会成员的职责包括对管理层人员的监督和工作支持，但是董事会人员受限制于精力和时间等因素可能会无法兼顾这些工作。此外，董事会成员在工作过程会受到人情世故和心理因素等的影响，如会有意识地避免与高管人员产生冲突，或者顾及之前有过的合作经历，于是董事会人员在处理某些事项时难以做到完全客观理性。另外，由于董事会人员和高管人员存在着信息不对称，并且消除这些不对称的情况也需要消耗一定的成本。

企业所处的外部市场对管理层人员的监督也是有限的。在经理人市场中，企业在选择职业经理人时主要考虑其历史业绩，能够为企业带来的预期效益水平，而经理人的历史薪酬并不是主要影响因素。职业经理人被动更换雇主的原因往往不是由于其高管薪酬，而更多的情况是由于其创造的业绩无法令雇主满意，所以此时经理人对于高薪的追求仍然不会减弱。理论上，企业的控制权市场能够对股东和管理层人员之间的关系进行调节，当企业经营业绩下降或者生产技术出现落后情况时，资本市场对于其期望的未来创造自由现金流规模进行向下调整，企业的股权价值下降并可能遭受恶意收购行为，此时原始股东对企业的现任管理层人员进行替换的意愿大大增加。但是在资本市场的正常运行中又有一些措施和安排会对管理层人员职位进行较好的保护，比如在反收购措施中设置高管免职需支付高额补偿费的条款。另外，在竞争程度较高的产品市场中，企业所有者主要关心的是整体经营利润、业务规模和市场份额，而不是管理层人员的薪酬。

Bebchuk 和 Fried（2004）对最优契约理论进行了分析和批判，并在此基础上比较系统地阐述了管理层权力的主要内容。管理层权力理论认为董事会成员在对管理层人员进行监督的过程会受到各种因素的影响，比如顾及历史合作经历和有意识地避免与高管之间的冲突等，导致在薪酬制度谈判过程中无法做到绝对独立性，于是给予了管理层人员能够在薪酬谈判过程为自身谋取超额薪酬的机会和能力。当管理层人员的异常权力越大时，超额高管薪酬的水平越高，并且高管薪酬与其业绩贡献的相关性就越低。企业外部的职业经理市场、企业控制权交易市场和行业竞争环境能够对管理层人员行为进行一定程度的监督和约束，但是对高管薪酬的约束却并不十分有效。企业的股东及其相关利益者可能会对董事会所批准的有利于管理层人员的薪酬制度产生不满，并由此产生"愤怒成本"（Outrage Cost），但是愤怒成本对管理层权力所产生的制约效果主要受股东及其利益相关者对薪酬制度的认知理解程度。为了降低股东们对于不合理薪酬制度的认知程度，薪酬制度的制定者和受益者有很强的动机采取各种手段去"掩饰"其中不合理的地方，尽量使得股东们难以认清实际情况，并且使得契约里的不合理制度安排显得合法化。这种掩饰行为又会使得薪酬设计结构无效化，损害薪酬激励措施的效果。

三、管家理论

管家理论（Stewardship Theory）从与代理理论不同观点的角度阐述了委托人和管理层人员另一种相处状态，对公司治理相关问题的研究做出了进一步的完善。管家理论对高级管理人员的观点是首席执行官并不是以追求个人利益最大化作为激励目标的，反而他们工作的目标是实现委托人的利益最大化（Davis et al.，1997），所以董事会不需要对首席执行官等高级管理人员进行持续严格的控制和监督。

管家理论的出现是由于在公司治理实践活动中出现了一些代理理论无法解释甚至与其相悖的问题，代理理论的研究是建立在经济学基本假设上的，即代理行为的参与各方都是理性经济人，各方行为追求的目标是令自身利益最大化，体现了利己主义和机会主义。管家理论从组织心理学的角度为出发点，组织心理学的研究强调的是以人为本，组织中的人际关系要调整和谐，通过优化组织内部和外部的工作环境和条件等来提高工作人员的主观能动性和创造能力，为实现组织整体目标提供有力的保障，最终达到个人和组织共同进步的理想状态。于是管家理论主张管理层人员为了满足自身的成就感，会积极地接受具有挑战性的工作并主动承担工作责任，努力地争取企业领导和同事们的认可，并想要在工作中树立自身权威，这些精神上的获得会对管理层人员产生内在激励。即使对于不持有公司股权的管理层人员来说，通过建立稳定的聘用关系和多种薪酬激励的方式也能将自身利益与企业发展紧密结合在一起。所以，管家理论主张的观点是高管人员自身会具有强烈的职业道德和工作信仰，同时会为了满足自身的成就感而努力地从事工作。管理层人员不具有利己主义和机会主义，他们天然的工作动机是积极向上的，没有普遍存在的工作心理阻碍。所以，在企业的公司治理制度设计和实施上不必设置过度的管理层人员监管措施，因为这样会增加监督成本、降低工作效率且没有必要，除了对管理层人员实施薪酬激励以外，也需要对其进行充分授权和人际协调等精神激励，使企业和管理层人员之间形成一种充分信任和共同合作发展的工作关系。

管家理论的研究内容主要包括四个方面。首先是对研究前提假设的分析和界定，即对管理层人员的人性分析。管理层人员的人性假设主要分为两类：一类是自利性假设，该假设认为管理层人员是以追求个人利益最大化的理性经纪人，其本身具有机会主义和自利主义；另一类假设是管理层人员的工作目标是为了实现企业财富最大化，该假设认为管理层人员具有集体主义意识，将提高企业的经营效率和绩效水平视为己任，管理层人员扮演着一个企业能够完全信任和托付的管家角色。

其次是基于管家理论在公司治理结构建设中的研究应用，在原代理理论的研究假设下，企业内部需要设置与管理层人员相独立的董事会制度，并在其中安排企业的外部董事和独立董事，另外加强监事会对管理层人员的监督行为，多管齐下地对管理层实施监督管理。在管家理论下的公司治理制度研究将董事会主席和首席执行官进行两职合一的设置，董事会成员中可以适当增加关联性并提高内部董事比例，企业给予管理层人员充分信任和相对宽松的内部工作环境，在此环境下管理层人员能够充分发挥其主观能动性和创造能力，提高其工作积极性并使其内在精神需求得到满足。

再次是分析管家理论和代理理论之间的关系，两种理论在企业发展和管理层人员行使权力的不同阶段会有不同的使用环境和条件。例如在企业内部首席执行官领导地位上升和管理权力提高的时期，当其尚未对企业做出重大贡献和业绩成就之前，董事会应该主要根据管家理论提供一种充分信任和相对宽松的内部工作环境，使企业和管理层人员之间形成一种充分信任和共同合作发展的工作关系，在此条件下激励管理层人员充分发挥其主观能动性和创造能力（杨林，2004）。当首席执行官的业务才能得到充分展示并为企业做出重大贡献之后，董事会就需要转向借鉴代理理论增加对其的监督，目的是防止可能出现的自负情绪、盲目自信和机会主义行为。

最后是激励机制设置，传统的管理层人员激励机制主要是物质上的薪酬激励，在管家理论的研究框架下需要对管理层人员进行适当的非物质激励，比如授权的范围适当提高和主动协调人际关系等。

管家理论在公司治理领域主张的观点董事会的主要工作重点应该是对管理层

人员进行充分的授权和信任，以激励其充分发挥其企业家才能并为实现企业整体战略目标作出显著贡献，而不是将公司治理的重点放在监督和控制管理层人员上面。Muth 和 Donaldson（1998）以澳大利亚上市公司为研究样本，研究样本中的董事会特征与企业绩效之间的关系，研究结果发现董事会的独立性特征与企业业绩之间成反比，这使得代理理论无法解释其结果，于是从管家理论的角度适当提高对管理层人员的授权范围和信任程度，有助于激励高管人员主观能动性并减少过度监管对经营效率的损害。家族式控制的企业曾经被视为过时且问题重重的管理方式，但是 Miller（2010）根据相关的研究发现主要的家族控制上市公司业绩却比其他类型的企业表现更好。并不是所有的家族控制企业都有较好的业绩表现，将这些家族企业按照所有制控制的水平和模式、家族领导特征、家族成员参与董事会的程度以及家族后代参与管理计划进行分类后，研究发现成功经营的家族企业能够充分利用降低代理成本的优势，并且用管家理论的观点构建管理层人员和企业的所有者之间的关系。

第二节　财务困境化解的理论基础

一、企业生命周期理论

生命周期概念被广泛地应用到社会科学的研究中，生命周期形容的是一个生物体从诞生到消亡会经历的不同阶段。企业生命周期一般包括发展期、成长期、成熟期和衰退期，对于上市公司来说在 IPO 时就普遍处于快速成长期，上市一段时间后充分受益于股权融资渠道优化、公司知名度提升和兼并重组等进一步发展为成熟企业，而对于经营业绩大幅下滑，丧失了成长能力或者被实施特别处理的上市公司来说则是走向衰退的迹象。Gardner（1965）比较分析了企业组织和其他生物体在生命周期阶段特征方面的区别：首先，企业在成长过程中会面临更多的不确定性，这些不确定性来源多种多样，包括政治环境、经济波动、行业技术迭代、消费者习惯的变化和企业自身特点等，所以导致了不同国家和地区、行业和企业之间所经历的环境都会具有差异，从而使得企业的生命周期历程具有更多的不可预判性。其次，企业在生命周期历程中会出现停滞现象，这种停滞现象更多地出现在成熟期。由于企业经过多年的市场开拓与竞争之后，使得自身产品或服务的定位更加清晰，所服务的目标客户群体更加明确，所占据的市场份额逐渐稳定，此时企业在所属行业中已经具有一定的地位并且再继续提高市场份额也变得更加困难，所以出现业务量和市场占有率停滞不前的现象。最后，企业的生命周期有重新逆转的可能。企业生命周期的逆转主要指的是从衰退期逆转到前面的发展期等阶段，逆转现象产生的主要原因是企业发生了在技术、组织结构和发展战略等方面的变革。技术变革会使原来的经营模式、生产流程和成本效率水平等方面产生颠覆性的变化，比如互联网和计算机技术在银行业的发展和应用，使得商业银行机构对实体经营场所、人员和机器设备的需求大幅降低，同时也提高了业务处理效率和利润率。

企业生命周期理论的创始人是管理学家 Ichak Adizes，其在《企业生命周期理论》一书中将企业所经历的生命周期细分出了十个时期，这些时期又可以分组为四个阶段。企业的孵化阶段包括孕育期、婴儿期和学步期，成长阶段包括青春期和盛年期，成熟阶段包括稳定期和贵族期，最后的衰退阶段包括官僚化前期、官僚期和死亡期。企业生命周期将会广泛影响商业企业的融资能力，进而影响公司的财务状况和经营业绩。企业发展过程中合理地使用债务可以使经营活动有效放大，在企业成长期和信贷周期的初期，贷款利率下降，企业借入债务扩大生产规模，支出增加的同时商品和金融资产的价格上涨，经济出现一片欣欣向荣的景象。但是当利率出现上涨时，杠杆经营的企业利息支出增加，还本付息后生产规模难以扩大，失业率开始上升，商品和金融资产的价格出现下降，经济出现衰退。在企业生命周期上升时，企业的融资能力较强，发生财务困境的可能性小，当信贷周期开始紧缩时，企业进入融资难的处境，进入财务困境的公司也就开始增加。企业生命周期和行业景气度周期对企业财务困境的影响更为直观。总结来说，在经济繁荣时期企业生产商品的需求持续增加，企业净利润增加后会有资金和动力去提高商品的质量和种类去迎合客户们的需求，如此以往出现良性循环，企业发生财务困境的概率大幅降低。相反，在行业景气衰退期，企业出现财务困境的概率就会上升。

二、危机管理理论

危机管理思想的最初提出可以追溯到 1915 年 Laitner 的专著《公司危险论》，后来学者们开始研究危机管理可以划分的阶段，并且每个阶段应该采取的应对措施。对危机管理最基本的划分包括三阶段，分别是危机前、危机中和危机后，之后的学者又开创了四阶段和五阶段危机处理模型（Li，2014）。

四阶段危机管理的生命周期模型是由 Fink（1986）首次提出的，他使用医学上的用语来对整个危机的状态进行划分，分别是：征兆初期，在这个阶段已经有现象表明商业主体可能会出现危机苗头，个别指标开始恶化；危机发作期，商业主体的多个状态指标出现明显恶化，整个态势难以得到有效的控制；危机延续期，引起企业危机的事项持续存在，但是管理层等多方积极采取措施去解决引发危机的各种问题，尽力扼制事态的持续恶化；危机痊愈期，之前引起企业发生危机的事项得到妥善的处理，企业各项经营数据大幅好转，危机状态完全解除。

Heath（1998）① 提出危机处理的 4R 管理模型，四个阶段分别是缩减力、预备力、反应力和恢复力。第一个缩减力阶段是整个 4R 管理模型最关键的阶段，危机管理的核心就是降低风险并优化企业经营环境，相关的具体措施可以从企业外部环境、企业内部防范系统、组织结构规范和企业员工培训等方面进行。企业的外部环境对其影响是广泛而深远的，于是需要建立衡量外部环境变化的量化和非量化指标，及时发现能够反映危机的预警信号。管理层需要制定企业合理的内部防范系统，确保高效并且具有针对性，同时也要兼顾设计、运行、反馈和维护的成本。企业组织结构保证简洁不冗余，能够确保执行指令能够得到及时的传达和反馈。对于公司的内部员工，需要进行相关的危机情况应急措施培训和演练，使员工熟悉危机发生的原因和传导途径等，同时培养员工对危机情况发生的洞察力。财务报表数据中的科目与财务困境风险存在勾稽关系，基于财务报表的勾稽关系分析过程中，财务困境风险评估人员计算分析财务报表中某个科目与关联科目的数额，考察公司财务会计政策的选择、会计科目处理思路和科目金额之间的

---

① Heath R L. Crisis Management for Managers and Executives: Business Crises, the Definitive Handbook to Reduction, Readiness, Response and Recovery [M]. Financial Times/Pitman Pub., 1998.

经营活动或者事项，同时将报表附注和经营政策等不能量化的信息纳入考量范围。被称为存量报表的资产负债表中的数值反映的是某一时点上企业价值的存量，另外的利润表和现金流量表则是流量报表。企业的经营净利润和现金流量净额在每个会计期末进行结算后转入资产负债表，不再进入下一会计周期。

　　危机管理的五阶段管理模型由 Mitroff 等（1994）① 提出，具体包括以下阶段：信号观察期，设计系统的危机信号反映体系，制定相应的风险阈值，对指标进行持续的观察，当指标数据显示超过阈值时发出报警信号；防御期，在企业遇到危机时制定相应的应急方案，同时采取各种措施来预防危机的发生；危害控制期，当小范围的危机产生时，对发生的危害进行控制，尽力降低危害的扩散效应；恢复期，对企业发生的危机进行针对性的处理后，使企业的各项经营步入正轨，恢复到发生危机之前的生产经营状态；反思期，在最后一个阶段中反思和总结危机发生的原因、危害传导的途径、监控体系的反馈和应对危机的措施，整个企业做到吃一堑长一智，确保企业在今后的经营和发展过程中具有更高的风险防范能力。学术文献中关于财务困境风险和财务困境风险预警的定义都有广义和狭义之分，但是在具体的模型回归和指标体系构建时往往偏重于狭义的定义，即企业负债经营过程中出现不能及时足额支付利息或者本金的风险。由于广义财务困境风险定义包括影响公司实际经营收入和预期收入差异的所有因素，这就使得相关研究难以具体化，研究的结果也不具有针对和现实指导意义。财务困境风险引发的财务困境有时也伴随着企业盈余操纵行为（如 WorldCom、Enron、Satyam 公司的案例），当公司出现由于内部经营和外部影响传导引发严重的财务困境风险时，管理层就会有动机去进行盈余操纵，当严重的财务危机引发财务困境时公司也就会面临破产的风险，也会引起公司债权人和投资者的大幅亏损。因而公司外部投资者在分析公司是否存在盈余操纵的时候，就可以根据针对财务困境风险的识别来为进一步的判断提供指引。

　　基于危机管理理论中的危机阶段划分的思想能够指导企业财务困境状态阶段的划分。企业的财务状况按照发生困境的程度可以分为财务状况良好、轻度财务

　　① Mitroff I I, Mason R O, Pearson C M. Framebreak：The Radical Redesign of American Business ［M］. Jossey-Bass Publishers, 1994.

困境和重度财务困境，良好的财务状况是企业理想的状态，在企业发生轻度财务困境时有足够的时间和机会去消除引发财务困境的事项，这个阶段也是财务困境预警指标体系建立的核心目的，而不仅仅是对公司的状况发展进行简单预测；当企业发生严重的财务困境时，也就预示着企业的经营状态已经处于不可逆转的恶化趋势中，只能采取申请破产保护或者被兼并重组。针对企业面临的不同财务困境阶段需要采取不同的应对流程，概括来讲企业财务困境的应对流程通常包括指标体系设计建设、信号持续观察、异常信号分析、危机处理、信号反馈和体系完善。从危机管理理论的学术和实践两方面的贡献来看，科学高效地处理流程是企业财务困境化解的前提。

第三节　内部控制的理论基础

一、利益相关者理论

关于利益相关者理论的研究最早能够追溯到 1695 年美国经济学家 Ansoff 对于相关概念的论述（王唤明、江若尘，2007），Ansoff 提到企业想要制定恰当的战略目标需要综合考虑其他利益相关者（Stakeholders）之间的利益冲突索取权，这些利益相关者可能会涉及企业管理层人员、员工、原始股东、原材料供应商和产品分销商等。Freeman（1984）在其专著 *Strategic Management：A Stakeholder Approach* 中对利益相关者做出了定义，书中认为利益相关者是能够对一个组织的经营战略目标产生影响或者被组织实现经营战略目标的过程所影响的人。该定义强调了企业与其利益相关者之间相互影响的关系，使得相关利益者包括的范围加大。利益相关者对于企业投入了部分劳动力资本、实物资本、智力资本或财务资本等，并且因为这些投入承担了某种形式的经营风险，这些风险都和企业实现战略经营目标的过程和行为相关，并且体现了专用性投资的概念。

在进行公司治理的过程中考虑到相关利益者理论会使企业更加注重长期经营战略目标和业绩持续性，在进行生产经营决策的时候不会受到追求股东财富最大化所导致的短期逐利行为。当企业的利益相关者的权益得到保障和增值时，他们又会反过来采取措施积极促进企业的成长，企业和相关利益者之间形成了互相信任和长期促进合作的关系之后，也将大幅降低企业实施监督和激励措施的资金成本和机会成本，同时减少利益者们的投机行为。但利益相关者理论和股东财富最大化目标理论不是相互独立的，两者之间也有着相互的联系，利益相关者理论有时能够成为实现股东财富最大化的一种手段。从保障和提高员工的利益角度来说，优化企业的工作环境能够有助于员工保持较高的生产力，同时再配以薪酬激励机制来奖励那些业绩突出和能够为企业做出较大贡献的优秀员工，给予他们物质和精神上的奖励，由此来激发员工的工作积极性和创新创造能力。当员工们的多方面利益得到保障和激励时，他们就会反过来为企业创造更多的价值和收益。

企业社会责任的内容是指当企业在生产经营、创造收益和对股东和内部员工承担相应责任的同时，还需要对企业外部的产品消费者、所在社区和环境保护承担起应有的责任。当企业承担社会责任也就是保障外部利益相关者的利益时，其本身的经营目标从传统的单纯创造企业利润进行了升华，加入了以人为本的理念，同时注重了对外部消费者、环境保护和社区的贡献。企业进行公益捐赠和环境污染治理等措施后，实现经营目标、社会责任和环境治理的协调状态，能够为企业赢得良好的社会声誉并提升企业形象，有助于建立产品使用生态圈和提高品牌价值。对员工来说，有助于留住内部晋升人才和吸引外部优秀人才，对于外部潜在投资者来说，有助于提高投资信心和拓宽融资渠道。Friedmann 和 Havighurst（1962）针对利益相关者理论提出，企业有且仅有一项社会责任，那就是利用自身所能获取到的合理资源，按照市场规则进行价值创造活动。如果企业的经营目标是实现自身和利益相关者利益最大化时，则会使得企业在具体进行策略安排和实施的过程中出现目标不明确等情况，难以达到多个参与主体的利益均衡。并且在逻辑上和实务中又会出现代价转移的现象，如果企业的管理层人员想要通过大幅提高产品性能来满足消费者们的需求，就需要在产品开发上提高研发投入，而前期大幅的研发投入会降低企业的净利润。另外，后续的研发风险也将主要由股东们所承担，所以为了满足消费者的需求而进行的研发决策会增加企业前期管理费用而降低净利润，还将研发风险转嫁到了股东身上。当企业承担外部社会责任的时候会增加企业的成本，为了使得未来预期收益能够维持到前期水平，企业可能会通过产品提价的方式进行实现，所以此时消费者们的利益又会得到损害。

为了避免理论研究的极端性，需要在相关利益者理论和股东财富最大化目标之前作出一个均衡，目前学术界研究达到均衡的方法是关注核心利益相关者（陈宏辉、贾生华，2004；邓汉慧、张子刚，2006）。核心利益相关者的特点是深度地参与到企业的生产经营和管理等过程中，并且他们的自身利益与企业的经营绩效和整体风险紧密相关。典型的核心利益相关者包括股东、管理层人员和职工三类，但不是企业中这三类所有的成员都是核心利益相关者。企业的股东中能够按照是否为核心利益相关股东大致分为两类，核心利益相关股东的特点是深度参与到企业治理决策的制定和执行过程中，并且关注的是自身的股权投资的长期收益，比较直观的量化标准是持股比例超过 5% 的股东通常即为核心利益相关者。非核心利益相关的股东普遍持有企业较少的股权，其投票权对企业的实际决策过程影响有限，所以也导致了他们参与公司治理的意愿大幅减弱，另外大部分的中小股东并不十分关心企业长期的发展及股息收益，而更多的是关系短期股价波动所产生的价差收益。并且在金融衍生品等结构性创新投资工具不断涌现的期间，股东们可以通过持有这些结构性金融产品来分散股权风险，这也减少了他们关注部分所投资企业基本绩效的动力。

二、情境理论

情境理论是研究领导者、被领导者和外部环境三者之间互动作用并影响领导效能理论的总称，又被称为"情势理论"。美国管理学家 Fiedler（1964）是情境理论研究的重要贡献者，他在研究领导绩效时提出主要的情景影响因素有：领导者和下属员工之间的关系，这里主要是指领导对下属的信任程度；任务结构，主要指工作流程正规性和常规性的程度，即工作任务下达时工作流程是否能够根据情况不同而采取相应的变化；职位权利，人员所处的职位和其所匹配的权利相符合，以及行驶领导权时下属所服从的程度。在这三个要素中第一个要素是核心，领导方式将领导情景进行适当调整后领导效能才能有良好的发挥空间，三个要素的不同组合情况也可以反映出上层领导对情势的掌控能力和程度。

情境理论中领导者所采取各种领导行为的目的是使领导效能达到最大化，要想使这个目的得以达到就需要特定的领导情势，即实施领导行为时所在的人际环境。情境理论有着几方面的贡献。第一，情境理论使得复杂的领导现象具有了相对清晰的研究脉络。领导活动是一个动态的群体性互动过程，之前关于领导活动研究聚焦于领导人特质和领导人行为等，这些关注点都或多或少地忽略了领导与下属关系和外部环境的研究。虽然领导是实施领导活动的主体，但整个过程中也不能缺少了被领导的客体，所以说情境理论将领导者、被领导者和外部环境三方结合起来研究，就会形成一种成体系的研究方法。第二，情境理论打破了从样本研究概括出一套通用领导方法的思想，提出了现实社会中不存在一成不变的领导方式。从情境理论的核心观点可以看出，整个领导活动是动态的参与方相互影响的，并且不同的领导情景也适用于不同的领导方式，所以对于每个不同的企业来说，使领导效能达到最大化的领导方式也绝不相同。第三，情境理论的三大要素为实际工作中的领导者提供了改进领导方式的具体方向。根据情境理论，领导者改进领导方式的途径有改善领导与下属的信任关系、建立科学高效的组织结构和明确职位权利等。

没有十全十美的理论，学界也有对情境理论提出批判的观点。首先，Fiedler提出的"黑匣子"问题，即对于具有某些特定领导风格的领导者在不同情景中的领导效能不同。比如任务驱动型领导者在遇到企业极端情况时他们的控制权会大幅上升，同时积极性会随着控制权的上升而大幅提高，而最后的结果是在极端情况下任务驱动型领导者的领导效能得到提升。其次，有学者质疑最难共事者测验（LPC）调查问卷的设计思路，LPC调查问卷通过让填表人描述自己关于别人的理解来判断填表人的领导风格。LPC调查问卷的支持者提出的理由是这项调查主要衡量个人动机，以完成任务为导向的领导者首先考察任务的完成情况，其次才是关注下属员工的观点。若是下属员工完成的工作不能令这类领导满意，则领导对员工的描述就会趋于负面。

情境理论和财务困境化解的关系体现在该理论强调公司治理对企业财务状况的影响。根据情境理论，领导效能的提高会改善公司运营效率和决策合理性，进而对公司的经营效益产生良性的刺激作用。企业所有权和经营权的分离不改变股东价值最大化的整体目标，为了提高企业运营的效率可以从多个方面进行改善，如提高领导和下属员工之间的信任关系等。为了在企业内不出现"一管就死"和"一放就乱"的不良现象，领导者需要进行适当的简政放权，同时制定关键的考核指标定期监督或者指导，具有针对性地解决领导效能低的问题。

第四节　全要素生产率理论基础

罗伯特·默顿·索洛在 20 世纪 60 年代对经济增长理论作出了开拓性研究，索洛提出的部分新古典经济增长理论研究成果构成了现代经济增长理论的基础。索洛经济增长模型对 Harrod-Domar 经济增长模型进行了优化，索洛认为 Harrod-Domar 模型在长期经济运行中想要达到的平衡难以保持。Harrod-Domar 模型中的主要经济参数是资本产出比例、劳动力增长率和储蓄率，经济状态达到均衡的条件是经济增长率与自然增长率相等，但是如果模型中的参数值发生了偏离将会打破经济均衡，经济社会中会出现失业率上升和长期通货膨胀的负面影响。产生这种均衡缺陷的主要原因是 Harrod-Domar 模型中关于劳动力和资本关系的假设，这两个基本生产要素不能互相替代且保持固定的比例，如果将这些苛刻的假设进行合理拓展，模型的部分缺陷也会随之消失，于是索洛构建了摒弃固定劳动力资本比例假设的经济长期增长模型。

索洛经济增长模型有以下假设条件：厂商只生产一种复合产品且只有资本折旧后的净产出，厂商具有固定的规模报酬，支付给劳动力和资本的报酬按照要素的边际生产力支付，商品的价格和工人工资是可变动的，劳动力市场永远是充分就业的，两种重要的生产要素劳动力和资本是可以相互替代的，另外生产过程中存在着技术进步因素等。索洛经济增长模型表达了社会中人均储蓄率取决于人均资本持有量的变化率和平均每一新增人口提供的资本增加量，人均储蓄率的上升能够为经济社会中原有的人口增加更多的平均资本装备，这种效果被称为资本的深化效应，另外人均储蓄率的资本广化效应指的是其可以为新增的人口增加平均资本装备。

在经济增长的贡献因素中扣除掉劳动力和资本的贡献部分，剩余的经济增长量是由全要素生产率所贡献的，剩余的这部分也被称作为"索洛剩余"。全要素生产率包含了生产函数中可知的经济增长源泉以外的全部未知因素的贡献水平，不仅包含科学技术进步、生产效率提升、管理制度创新和社会体制优化等，还包括其他的未知复杂原因，比如由于数据收集计量等产生的误差、模型设定不恰当、生产函数模型遗漏解释变量、宏观及行业周期波动因素等。劳动力的生产效率提升来源包括劳动工人身体健康状况改善、专业教育提升、制造流程优化和生产技术提高等，即使劳动力的数量并没有明显的增加，但是平均劳动力的生产效率或者单位时间内的产出将会由于技术的进步而显著提高，由此对经济总量产生的增加效果类似于生产效率不变时劳动力数量的上升。

在索洛经济增长模型中，最优的人均储蓄率能够使得经济社会中达到消费水平最大化的均衡状态。当人均资本存量大于均衡状态的要求时，人均储蓄率将会通过增加消费和减少投资而降低，但是之前资产的投资和折旧是均衡的，此时投资的减少将会使得折旧额大于资产增加额，从而使得社会资本存量减少，直到达成新的稳定状态。当人均资本存量小于均衡状态的要求时，为了提高人均储蓄率需要减少消费，存款机构由于储蓄的增加使得对外投资的资金也增加，由此导致资本存量和产出增加，同时消费又会随着产出的增加而提高，进而趋向于消费最大化的均衡状态。

全要素生产率是分析包括国家、地区和企业在内的经济主体产出增长的重要因素。对于企业在制定长期可持续发展的战略规划过程中，需要分析和总结各生产要素对产出增加的贡献情况，识别产出的增加是属于资源投入型增长还是效率提高型增长。在企业的生产经营过程中，由于管理层人员科学行使管理权力使得企业在经营战略规划、流程设计、具体执行和监督反馈等环节得到优化，此时对于企业产出的提高主要体现在全要素生产率中。

第五节　影响机理分析

本书研究的主题是 CEO 权力与财务困境化解之间的影响机制分析。首席执行官制度是现代公司治理制度不断优化发展的阶段性成果，其本质是管理制度的创新。在 20 世纪 90 年代随着国际互联网公司的发展热潮，CEO 制度开始传入中国。最初国内对互联网公司最高管理者的称呼为首席执行官，但是其管理内涵并不严谨。公司治理制度的引进需要一定的适应和改进过程，目前国内的公司治理制度逐渐成熟和完善，有望利用好 CEO 制度来为企业发展带来新的突破口。目前国内股份制公司主要是由董事会负责整体的发展战略制定，同时聘用总经理对日常经营管理进行负责。部分公司中存在着董事长和总经理职能交叉的现象，这种现象也导致了难以定位 CEO。目前，我国相关法律并没有对首席执行官这一职位进行统一界定，根据《中华人民共和国公司法》的内容，对于总经理职能的界定和国外公司 CEO 的工作职能更为接近。

目前上市公司所处的市场环境日益复杂，能够对企业经营产生潜在外部影响的因素有金融风险传导、互联网技术和通信技术变革等。这些客观影响因素使得职业经理人在公司的重要性和地位显著提高。公司 CEO 制度的诞生体现了战略决策权和执行权的融合，这一制度提高了公司应对外界错综复杂风险因素的效率。董事会基本淡化了涉及经营决策方面的职能，主要关注点在于首席执行官的聘用、培训和监督程序。CEO 的职权涉及公司重大战略的制定、战术执行、人事任免和推广企业形象等。上市公司通常无法控制在经营过程中所遇到的外部影响因素，但是能够通过制定内部预防措施和调整战略方向等方式应对外部因素的冲击，此时能够起到关键作用的是公司内部核心高管人员，而首席执行官（CEO）作为公司的灵魂人物，更是起到了举足轻重的作用。具备某一领域专业能力的 CEO 能够对外部影响因素的发生进行提前预判、制定预备方案和及时调整战略规划等，而 CEO 发挥其专业能力并显著影响企业经营绩效和战略实现的主要途径就是行使管理权力。

CEO 权力的获得有多方面来源，如果权力的来源是具有积极因素的，则权力的本身也是积极和良性的。根据 Finkestein（1992）提出的从四个维度综合构建衡量 CEO 权力的理论模型，CEO 综合权力的来源包括结构性权力、所有者权力、声望权力和专家权力。结构性权力的主要来源是企业内部层级结构的设置，科学有效的内部组织结构能够为企业的高效率运营和取得良好的经营效益提供制度基础。企业的组织结构经过了长时间的演化后，形成了现代公司治理制度体系，企业内部的整体框架有其科学性、合理性和效率性。专家权力指的是公司 CEO 通过利用自身专业技能、工作经验和职业判断等，帮助公司在战略制定和生产经营过程中处理不确定性而获得的权力。当 CEO 拥有公司股份或者是创始人家族成员时，他们就会有作为企业主人归属感和使命感，同时也由股权性质决定了他们具有了企业的剩余收益所有权。CEO 的所有者权力会使得自身行为目标与企业财务管理目标趋向一致，即实现股东财富最大化，从而削减了代理问题所产生的部分成本损失。当 CEO 利用自身声望、信誉、行业影响力和外部组织能力，为企业带来融资渠道、投资机会或者优惠政策等而获得的能力可以称之为声望权力。引起企业短期融资需求的因素有很多，如应收账款坏账率异常大幅升高、经济体系中流动性减少或者自然灾害引起的损失等，CEO 声望所带来的政治关联会提高贷款机构为企业提供融资支持的概率。

在一家公司中，当 CEO 拥有过高的权力时，其对于公司决策制定的控制权可能已经凌驾于内部治理机制之上，原本寄托于来自股东大会、监事会、董事会和职工组织的监督措施将会变得形同虚设，使得权力的拥有者具备了绝对权力。当公司内部治理机制对拥有绝对权力的高管失去监督控制能力时，公司将面临巨大的潜在风险。因为此时公司的重大战略制定权将集中在某一名高管人员中，如果绝对权力拥有者总是能够制定正确的决策，同时具有较高的职业道德、专业能力和责任感的话，公司所面临的遭受重大损失的风险将会显著降低。但是一个人的精力和体力是有限的，同时伴随着年龄的增长和经营环境复杂度的日益提高，管理者难免会做出错误的判断。

CEO 制度本质是公司治理制度的创新，有助于提高公司经营效率，而企业全要素生产率的来源有科学技术进步、生产效率提升、管理制度创新和社会体制优化等。同时 CEO 综合权力来源有专家权力和声望权力等，这些维度的权力有助于为企业带来技术发展的动力和行业前沿技术创新。企业效益的增长方式由要素投入型转向技术集约型能够保证其长期稳定的发展，效益增长方式的转变本质上是技术进步和管理创新等对效益增长份额的增加。所以 CEO 综合权力有助于提高企业全要素生产率，而全要素生产率的提高又会有助于企业摆脱财务困境。

公司 CEO 在行使管理权力时需要进行必要的监督，公司内部的监督往往更加直接而有效。内部控制是上市公司在正常生产经营过程中设置的自我约束和监督的内部制度，内部控制制度的重要性随着企业经营规模的扩张而上升，目前内部控制制度的建设已经成为保障企业正常经营的关键因素之一。内部控制制度对企业 CEO 权力行使的监督包括以下几个方面。第一，企业内部控制制度有助于保障财务报表信息的真实性、可靠性和准确性。财务处理阶段的内部控制活动将会监督财务信息生成的整个流程，包括数据记录、收集、分类和整合等全部过程。准确可靠的财务数据能够帮助公司管理层分析到真实数据，及时准确地发现生产或者经营漏洞并有针对性地调整计划和策略，提高经营效率并促进经营目标的实现。第二，内部控制能够有效地防范经营风险。在企业的整个经营流程中内部控制制度都扮演着至关重要的作用，内部控制制度先会对具体经营活动所产生的风险进行评估，然后设计有针对性的纠正措施，当评估的经营风险发生概率达到一定程度时采取应对措施，并且对于控制效果相对薄弱的环节进行有效加强，以达到能够显著控制经营风险的结果。第三，保护企业资产的完整性。在资产的采购阶段保证支付的金额和目标采购的物资相一致，在原材料领用环节保证领取的品种和数量与生产计划一致，企业对物资的合理控制能够保障顺利完成订单合同并与客户维持良好的合作关系。内部控制从以上多个方面监督 CEO 管理权力的行使，有助于促进管理权力的积极效果，而抑制管理权力的消极效果。

第四章 CEO 权力对财务困境
化解影响的总效应

    CEO 权力在产生相应经济后果之前需要经过多个环节，首先是权力的获得，其次是权力的使用，再次是权力行使过程的监督，最后是权力的优化调整。权力获得阶段会有多方面的来源，如果管理权力的来源是具有积极因素的，则权力的本身也是积极和良性的。根据 Finkestein（1992）提出的从四个维度综合构建衡量 CEO 权力的理论模型，CEO 综合权力的来源包括结构性权力、所有者权力、声望权力和专家权力。比如结构性权力来自公司内部的治理制度建设，经过公司治理制度的长期发展与进化，已经形成了较为科学和高效的层级结构，由这种层级机构赋予的 CEO 权力通常也是合理有效的。管理层人员本身具有谋求私利的动机和机会，所以当其具有异常 CEO 权力时会对公司的正常经营起到负面影响。

    具有积极因素的 CEO 权力有望提高处于财务困境上市公司的成长能力，另外公司经营现金流覆盖净利润的水平提高同样有助于企业脱困。对陷入财务困境的公司进行现金流覆盖能力的研究能够分析其股利支付的持续性和稳定性，当外部融资成本大幅提高时，需要关注内部资金的可获得性。当公司主营业务收入出现趋势性回落时，需要分析现有的债务偿还问题是否能够得到恰当的解决。若公司主营业务的经营陷入困境时，高管需要做出减少部分开支的决策，但是做出决策的底线是不能影响公司的长远健康发展的。当一个国家或地区的贷款机构收紧信用时，需要贷款融资的企业将会面临雪上加霜的困境，此时贷款机构进行信用紧缩的措施通常是增加限制性条款，如通过规定贷款客户负债比率和负债总额等指标。在公司面临融资困境时，短期内管理层可以选择通过削减部分可支配的开支来避免财务状况更加恶化。一些短期内削减的支出不会对近期的生产经营产生显著的负面影响，但是有时可能会损害公司未来长远的发展。比如管理层通过削减广告支出或研发投资等项目来应对短期内的资金紧缺情况，而这些项目在未来有助于形成公司的竞争力护城河，如果进行不恰当的决策会使得短期问题变成长期问题。

CEO 在采取防范企业陷入财务困境的措施时，需要从现金流创造的角度做出有预见性的决策。当公司的经营情况较好时，比如公司经营活动产生现金流量净额能够覆盖净利润且净利润增长率上升时，CEO 制定降低财务杠杆或保留部分现金储备等措施，使得公司具有一定的闲置生产力，在财务信号上的表现是股利发放具有较强的稳定性。

本章将 CEO 权力进行细分研究，将四种权力的来源分别进行量化，然后在此基础上得到 CEO 综合权力指标。另外使用残差法量化出异常 CEO 权力。本章将不同性质的 CEO 权力分别进行量化后，研究 CEO 权力变量与企业财务困境化解之间的关系。

第一节　理论分析与研究假设

一、CEO 综合权力与财务困境化解

权力的性质本身并没有好坏之分，当人们在某个组织拥有适当的权力时能够发挥其主观能动性，使用专业技能和个人智慧较高效率地达成组织目标。但权力却具有蔓延扩张性、占有性和排他性的特点，权力的拥有者有被权力所腐蚀思想并滥用权力的可能性。

管理层权力理论在委托代理理论基础上将研究对象重点放在了经理人群体，特别是首席执行官（CEO）的权力行使及其经济后果。企业所面临的监督环境一般分为内部监督和外部监督两部分，内部监督以内部控制制度为主要代表，外部监督主体包括行业协会、舆论媒体、资本市场监督和经理人市场等。CEO 权力会

受到企业监管环境的影响，高管人员又会对企业内部的权力系统和决策执行系统产生作用，涉及的商业过程包括决策制定、策略执行和行为监督等。对于国内的上市公司来说，公司的实际控制人性质不论是属于国有企业还是民营企业，多种权力来源为高管人员提供了部分权力基础。高管人员在使用权力的同时会注重其隐蔽性，企业的外部利益相关方或者潜在投资者们难以确定管理层人员对企业决策、运营和监督的影响程度。

高管人员的任免权一般在公司大股东手中，高管人员被聘任后仍然接受大股东的监督，所以其行为会被大股东所制约。如果公司内部的股权分散且并不存在大股东时，股东们对于管理层的监督效果就会被削弱，这种结果同样会产生于公司里虽然有大股东，但是大股东不及时行使股东权力导致大股东名存实亡的情景中。在我国的上市公司中普遍存在着大股东或者控股股东，此时更为突出的代理问题是公司内部大股东和中小股东之间的利益冲突。大股东由于掌控着管理层人员的任免权，使得 CEO 权力成为大股东权力的表现途径，于是公司内部治理制度对高管人员的监督变成了形同虚设。在上市公司中大股东的利益侵占动机与其持股比例或现金流控制权成反比（Claessens and Perotti，2007），大股东倾向于在公司决策机构中通过委任高管人员等方式来获取控制权，由此为侵占公司各方面资源增加便利性。

目前，大部分高管权力相关研究文献的理论出发点是委托代理理论，主要是由于研究问题涉及管理层人员在职消费、非效率投资和高管薪酬与政府管制等，研究样本通常也是剔除 ST 公司之后的正常经营的上市公司。本书所研究的主题是 CEO 权力与财务困境化解之间的影响机制，使用的研究样本是正处于财务困境状态的 ST 上市公司，由于所研究问题和使用的样本不同，传统的委托代理理论对于部分问题不能进行解释。Davis 等（1997）提出的管家理论认为以 CEO 为代表的管理层人员并不是以追求自身利益最大化作为行为激励目标，由于高管人员会具有强烈的职业道德和工作信仰，同时为了让自身获得更多的成就感和满足感他们会尽力地从事工作。当公司处于财务困境状态时，公司的经营战略将会转向以化解财务困境作为重点，管理层的人员配置也将会得到针对性的调整。此时依然在公司任职的高管人员能够清楚地认识到目前急需脱困的经营状态和目标规划，所以他们对公司具有更多的使命感和认同感，而不是代理理论中所提到的投机主义和利己主义。综上分析，提出以下假设。

假设 4.1：对于实施特别处理的上市公司，CEO 综合权力有助于公司化解财务困境。

假设 4.1a：对于实施特别处理的上市公司，CEO 综合权力越大，公司化解财务困境的概率越大。

假设 4.1b：对于实施特别处理的上市公司，CEO 综合权力越大，公司化解财务困境的速度越快。

假设 4.1c：对于实施特别处理的上市公司，CEO 综合权力越大越有利于公司成长能力的恢复。

Finkestein（1992）提出 CEO 综合权力的四个主要来源，分别是结构性权力、所有者权力、声望权力和专家权力。结构性权力的主要来源是企业内部层级结构的设置，科学有效的内部组织结构能够为企业的高效率运营和取得良好的经营效益提供制度基础。企业的组织结构经过了长时间的演化后，形成了现代公司治理制度体系，企业内部的整体框架有其科学性、合理性和效率性。专家权力指的是公司管理层通过利用自身专业技能、工作经验和职业判断等，帮助公司在战略制定和生产经营过程中处理不确定性而获得的权力。当管理层人员拥有公司股份或者是创始人家族成员时，他们就会有作为企业主人归属感和使命感，同时也由股权性质决定了他们具有了企业的剩余收益所有权。管理层人员的所有者权力会使得自身行为目标与企业财务管理目标趋向一致，即实现股东财富最大化，从而削减了代理问题所产生的部分成本损失。当管理层利用自身声望、信誉、行业影响力和外部组织能力，为企业带来融资渠道、投资机会或者优惠政策等而获得的能力可以称之为声望权力。引起企业短期融资需求的因素有很多，如应收账款坏账率异常大幅升高、经济体系中流动性减少或者自然灾害引起的损失等，管理层人员声望所带来的政治关联会提高贷款机构为企业提供融资支持的概率。根据以上分析，提出如下假设。

假设 4.2：对于实施特别处理的上市公司，CEO 结构性权力、所有者权力、声望权力和专家权力有助于公司化解财务困境。

假设 4.2a：对于实施特别处理的上市公司，CEO 结构性权力、所有者权力、声望权力和专家权力越大，公司化解财务困境的概率越大。

假设 4.2b：对于实施特别处理的上市公司，CEO 结构性权力、所有者权力、声望权力和专家权力越大，公司化解财务困境的速度越快。

假设 4.2c：对于实施特别处理的上市公司，CEO 结构性权力、所有者权力、声望权力和专家权力越大越有利于上市公司成长能力的恢复。

二、异常 CEO 权力与财务困境化解

高管人员一般都存在着有限理性和自利性特征，这些特征会诱导具有异常权力的管理层人员进行一些侵占公司集体利益而为自身谋求私利的行为，这些行为如果无法控制的话将会对公司产生极其恶劣的影响。由文献综述部分可知，目前学术界关于 CEO 权力的定义尚不统一，同时对于 CEO 权力的量化方法更是各有千秋。为了深入研究 CEO 权力与财务困境化解之间的关系，十分有必要将 CEO 权力进行进一步划分，即分为根据 Finkestein（1992）四维度衡量法构建的 CEO 综合权力和 CEO 异常薪酬所代表的异常 CEO 权力。

在一家公司中，当高管人员拥有过高的权力时，他们对于公司决策制定的控制权可能已经凌驾于内部治理机制之上，原本寄托于来自股东大会、监事会、董事会和职工组织的监督措施将会变得形同虚设，使得权力的拥有者具备了绝对权力。当公司内部治理机制对拥有绝对权力的管理层失去监督控制能力时，公司将面临巨大的潜在风险。因为此时公司的重大战略制定权将集中在某一名管理层人员中，如果绝对权力拥有者总是能够制定正确的决策，同时具有较高的职业道德、专业能力和责任感的话，公司所面临的遭受重大损失的风险将会显著降低。但是一个人的精力和体力是有限的，同时伴随着年龄的增长和经营环境复杂度的日益提高，管理者难免会做出错误的判断。绝对权力的拥有者在公司重大战略决策上所犯下的失误意味着整个公司决策的错误，同时对管理者制定和执行决策的过程缺少谏言和监督，最终将会使公司走向衰败甚至破产。

拥有异常权力的 CEO 对公司产生负面影响的一种直接表现方式是使经营业绩恶化，CEO 权力的产生为了应对市场竞争的需要（郭强，2001）。在公司孵化阶段，总体资产规模较小且业务线较为简单，高效快速的决策反应有利于产品快速进入市场，此时决策者拥有绝对权力会产生部分积极意义。但是随着公司规模的发展，内部组织结构日益复杂，产品线增多，影响公司经营情况的因素增加，

个人处理事务的精力和专业能力覆盖领域会出现局限性，此时一个人的缺陷就会变成整个公司的缺陷。除非拥有异常权力的管理者能够抑制对权力的欲望，将企业的战略发展驱动由个人意志主导转向科学专业化经营主导。另一种负面影响的表现形式是管理者侵占公司资产，并且管理层有多种侵占公司资产的途径。拥有异常权力的管理者可以通过影响高管薪酬政策的决策过程来为自身谋求私利，管理层薪酬的组成可以分为显性薪酬和隐形薪酬两部分。管理层显性薪酬涉及货币薪酬和股权激励等，而隐性薪酬中占绝大部分比例的是在职消费。

在实际控制人为政府的上市公司中，上市公司的经营目标具有多元化，并不是完全按照实现股东财富最大化作为企业发展目标的，从而导致管理层人员的绩效考核并不是只注重企业绩效，还要关注民生就业、环境保护、科学研究和战略转型等。同时国有控股企业中也广泛存在着预算软约束现象，当国有企业发生亏损时，政府机构或者国有控股银行会增加对国有企业的投资和贷款，同时提供一些定向的财政补贴或者税收减免措施。但是这些做法只是治标不治本，从 2009 年至 2016 年国内的贷款平均利率下降了 46%，贷款利率的下降伴随着企业杠杆率的上升。企业信用债券在 2014 年之前还是普遍具有隐性刚性兑付的性质，也就是债券的投资通常会实现保值，并且在支付利息时实现投资的小幅增值。但是在 2015 年之后几年时间内，企业信用债出现了集中违约的现象，初期发生信用违约的商业主体通常是属于落后产能的企业，或者经营区域处于经济相对落后的地区等。但是，随着发生信用违约的主体扩散至历史业绩相对优秀的民营企业时，市场上会出现关于经济发展衰退甚至恶化的预期。国内的上市公司都是行业中相对优秀的商业主体，同时具有融资渠道多和知名度高等优势，而企业信用违约的路径逐步蔓延至上市公司后，这说明宏观金融去杠杆和紧信用等措施对商业主体的资金运营产生了影响。在企业总体债务周期处于扩张阶段时，债券市场给予了部分商业主体不良债务使用借新债还旧债的手段进行不具持续性续存机会，但这种经营方式隐含着巨大的风险。当债务扩张周期开始出现衰退甚至收缩时，债券市场必将出现部分商业主体资金链断裂和信用债出清的现象，这些信用违约事件的危害具有传导性，严重影响商业主体的上下游企业，甚至导致一连串的信用违约现象。

由以上分析可知，异常 CEO 权力通常会对企业的生产经营和困境恢复起到负面影响。综上，本章提出以下假设。

假设 4.3：对于实施特别处理的上市公司，异常 CEO 权力不利于公司化解财务困境。

假设 4.3a：对于实施特别处理的上市公司，异常 CEO 权力越大，公司化解财务困境的概率越小。

假设 4.3b：对于实施特别处理的上市公司，异常 CEO 权力越大，公司化解财务困境的速度越慢。

假设 4.3c：对于实施特别处理的上市公司，异常 CEO 权力越大越不利于上市公司成长能力的恢复。

第二节　研究设计

一、样本选择与数据来源

本章研究的主要内容是处于财务困境的上市公司 CEO 权力对困境化解的总效应研究，相关文献以研究对象 2~3 年是否能够取消特别处理作为其财务困境化解的标志（和丽芬等，2014；姚珊珊、沈中华，2016）。本章研究样本中平均化解财务困境的时间是 2.84 年，所以本章使用 3 年期作为样本是否脱困观察期，如果样本公司能够在 3 年内取消特别处理，本章就判定为公司摆脱了财务困境状态，如果样本公司没有能够在 3 年内取消特别处理，则定义为公司没有化解财务困境状态。本章以 3 年期作为被 ST 上市公司的观察期，使用到的相关数据截至 2018 年年底，所以最近能够观测到 2015 年被 ST 上市公司的风险化解情况，剔除金融行业及数据缺失的公司后共得到 255 个样本公司。

本章使用的数据主要来自国泰安（CSMAR）数据库和万德（Wind）数据库，具体涉及高管人员数据库和上市公司财务数据库。另外对于 CEO 人员的学历、晋升来源、从业经历和社会职务兼任情况等信息，同时使用巨潮资讯网、和讯网、东方财富网和百度搜索等互联网信息平台进行信息的搜集和核实。为了减少样本数据异常值对研究结果的影响，使用 winsorize 方法对连续型样本数据进行前后 1%水平的缩尾处理，本章数据处理的软件是 Stata 14. 0。

二、变量定义

1. 被解释变量

（1）是否化解财务困境的虚拟变量（Re）。

根据本章研究所选取的样本数据，样本公司平均化解财务困境的时间是 2. 84 年，以 3 年作为样本是否脱困观察期限，如果样本公司能够在 3 年内取消特别处理（"摘帽"），本章就判定为公司摆脱了财务困境状态，这种情况下样本的 Re 值就为 1，其他情况下的样本 Re 值为 0。

（2）离散型序列变量财务困境化解期限（Period）。

将研究样本化解财务困境的时间期限进行序列分类，按照时间的长短共分为四类（辛清泉等，2013；戴志勇，2014）。当样本上市公司在被实施特殊处理后 1 年内就恢复正常（或者称为"摘帽"），则该样本的 Period 值为 3；若样本上市公司在被实施特殊处理后 2 年内恢复正常，则该样本的 Period 值为 2；若样本上市公司在被实施特殊处理后 3 年内恢复正常，则该样本的 Period 值为 1；若样本上市公司在被实施特殊处理后 3 年内没有恢复正常，则该样本的 Period 值为 0。

（3）上市公司成长能力指标（Grow）。

处于财务困境的上市公司脱困的同时常常伴随着成长能力的恢复（Shao et al.，2012），本章选取样本被实施特别处理后一年的扣除非经常性损益净利润同比增长率（DNNP）、营业利润同比增长率（GROP）和经营活动产生现金流净额同比增长率（JYJ）三个指标衡量成长能力。

扣除非经常性损益净利润同比增长率（DNNP）＝第 $t+1$ 年扣除非经常性损益净利润变动量/第 t 年扣除非经常性损益净利润

营业利润同比增长率（GROP）＝第 $t+1$ 年营业利润变动量/第 t 年营业利润

经营活动产生现金流净额同比增长率（JYJ）＝第 $t+1$ 年经营活动产生现金流净额变动量/第 t 年经营活动产生现金流净额

在成长能力指标计算过程中，分子表示的 $t+1$ 年度该值与 t 年度的差值，鉴于上市公司所采取的化解财务困境措施所产生的效果具有滞后效应，将 t 年定义为上市公司被实施特别处理的当年，第 t+1 年指的是上市公司被 ST 之后的一年。

2. 解释变量

（1）结构性权力（STR）。

根据《中华人民共和国公司法》规定，公司内部的高级管理人员包括总经理、副总经理和财务负责人等，并不包括董事长。本章对 CEO 的定义如下，设置了 CEO 职位的上市公司中，以任职者为 CEO，本章的研究样本中有 15.29% 是这种情况。未设置 CEO 职位的公司中，存在董事长和总经理两职兼任情况的公司，将兼任者定位为 CEO，有 24.31% 的样本公司是这种情况。剩余的样本中，国内《中华人民共和国公司法》对于总经理职权的界定更接近于发达国家 CEO 的职权，并且国内公司对于职业经理人专业性要求和其公司地位逐渐提高，同时在相关研究文献的基础上将总经理（或总裁）定位为 CEO。

结构性权力（STR）的量化指标由 CEO 是否兼任董事长（Dual）和 CEO 是否兼任内部董事（Sal）两个指标衡量。当样本公司被实施特别处理当年 CEO 兼任董事长时，样本变量取值为 1，否则为 0。当样本公司 CEO 兼任内部董事时，样本变量取值为 1，否则为 0（陶文杰、金占明，2015）。结构性权力变量值（STR）由上述两个变量求和得到。

（2）所有者权力（OWN）。

CEO 的所有者权力会使得自身行为目标与企业财务管理目标趋向一致，即实现股东财富最大化，从而削减了代理问题所产生的部分成本损失，这种权力来源有 CEO 人员持有股份或者其本身是企业创始家族成员等。

所有者权力（OWN）的量化指标由管理层持股（Rte）和股权分散程度（Top）两个指标构成。如果样本公司中有管理层持股的现象，则 Rte 取值为 1，否则取值为 0。如果前十大股东持股比例小于行业平均值，则 Top 取值为 1，否则取值为 0。于是，上述两个指标的和构成所有者权力指标。

（3）声望权力（REPU）。

当 CEO 利用自身声望、信誉、行业影响力和外部组织能力等为企业带来融资渠道、投资机会或者优惠政策而获得的管理权力可以称之为声望权力。引起企业短期融资需求的因素有很多，如应收账款坏账率异常大幅升高、经济体系中流动性减少或者自然灾害引起的损失等，CEO 声望所带来的政治关联会提高贷款机构为企业提供融资支持的概率。

声望权力（REPU）由 CEO 学历（Edu）和是否有外部兼职（Par）两个指标构成，当样本公司 CEO 具有研究生及以上学历时 Edu 取值为 1，否则取值为 0（谭庆美、魏东一，2014）。当样本公司 CEO 在外部有兼职时 Par 取值为 1，否则取值为 0，如在总经理简历中有担任行业协会等其他外部组织职务时，可认为其具有外部兼职现象。将上述两个指标数值进行相加即得到声望权力的变量数值。

（4）专家权力（EXP）。

专家权力指的是公司 CEO 通过利用自身专业技能、工作经验和职业判断，帮助公司在战略制定和生产经营过程中处理不确定性而获得的权力。

专家权力（EXP）由 CEO 任职期限（Tenu）和 CEO 是否由内部晋升（Ins）两个指标构成。当 CEO 的任职期限超过行业均值时，则 Tenu 取值为 1，否则取值为 0；当样本公司 CEO 是由内部晋升则 Ins 取值为 1，否则取值为 0，CEO 的晋升路径信息能够从其简历中得到。

（5）CEO 综合权力（Power）。

对 CEO 综合权力进行衡量的方法是从结构性权力、所有者权力、声望权力和专家权力四个维度进行构建。在得到样本公司结构性权力（STR）、所有者权力（OWN）、声望权力（REPU）和专家权力（EXP）四个维度的数值之后，使用主成分分析法得到 CEO 综合权力（Power）变量数值（白重恩等，2005；权小锋等，2010；刘星、徐光伟，2012；卢馨等，2014）。

将组成 CEO 综合权力的不同维度变量进行主成分分析检验，巴特利特球度检验（Bartlett test of sphericity）统计量值为 274.381，对应的 p 值小于 0.001，表明相关系数矩阵和单位矩阵之间存在显著差异。KMO 值为 0.621，根据 Kaiser（1974）[①] 给出判断标准，KMO 值在 0.60~0.69 时主成分分析的数据约化效果能够接受。

根据总方差分解表中的结果显示（见表 4-1），前五个特征值累计贡献率达

---

① Kaiser H F, Rice J. Little Jiffy, Mark IV [J]. Educational and Psychological Measurement, 1974, 34 (1): 111-117.

到 79.236%，说明前五个主成分涵盖了所有变量大约 80%的信息，所以提取前五个公因子构成 CEO 综合权力。

表 4-1　总方差分解表

成分	初始特征值			提取平方和载入			旋转平方和载入		
	合计	方差百分比	累计百分比	合计	方差百分比	累计百分比	合计	方差百分比	累计百分比
1	1.689	21.127	21.127	1.689	21.127	21.127	1.459	19.679	19.679
2	1.317	15.283	36.410	1.217	15.283	36.410	1.322	15.057	34.736
3	1.210	13.982	50.392	1.110	13.982	50.392	1.279	17.228	51.964
4	1.098	12.547	62.939	0.998	12.547	62.939	1.187	11.078	63.042
5	0.974	16.297	79.236	0.974	16.297	79.236	1.050	16.194	79.236
6	0.796	9.924	89.160	—	—	—	—	—	—
7	0.687	8.628	97.788	—	—	—	—	—	—
8	0.607	7.615	100.000	—	—	—	—	—	—

根据因子得分系数矩阵（见表 4-2）计算构成 CEO 综合权力的各个因子变量，第一主成分的计算公式为：

$$F_1 = 0.306Dual + 0.183Sal - 0.274Rte + 0.121Top + 0.346Edu + 0.425Par + 0.507Tenu + 0.475Ins$$

其余四个主成分 F_2、F_3、F_4 和 F_5 计算方式同 F_1，最后 CEO 综合权力 Power 的计算公式为：

$$Power = 21.127F_1 + 15.283F_2 + 13.982F_3 + 12.547F_4 + 16.297F_5$$

表 4-2　因子得分系数矩阵

变量	Comp1	Comp2	Comp3	Comp4	Comp5
Dual	0.306	−0.055	0.368	0.679	−0.063
Sal	0.183	0.29	−0.585	0.499	0.336
Rte	−0.274	0.454	0.566	−0.028	0.116
Top	0.121	0.745	0.062	−0.107	0.229
Edu	0.346	0.274	−0.271	−0.392	−0.393
Par	0.425	0.151	0.113	0.12	−0.607

变量	Comp1	Comp2	Comp3	Comp4	Comp5
Tenu	0.507	-0.147	0.333	-0.129	0.253
Ins	0.475	-0.182	0.038	-0.304	0.48

注：Comp1、Comp2、Comp3、Comp4、Comp5 分别表示第 1 至第 5 个主成分。

（6）异常 CEO 权力（ABP）。

本章参考非效率投资（Richardson，2006）、超额现金持有率（Opler et al.，1999）、异常储蓄率、超额股票回报率（Faulkender and Wang，2006）等文献研究量化方法，建立残差法估计异常 CEO 权力 ABP（Bebchuk et al.，2011；Lee et al.，2015；刘杨晖，2016）。异常 CEO 权力残差法是先将 CEO 薪酬除以前五名高管薪酬之和的商作为被解释变量，同时选取一些重要的解释变量建立回归模型并得到估计的系数，第二步利用新得到的回归系数结合解释变量计算出期望的被解释变量，使用原被解释变量减去估计出的期望被解释变量得出的残差的绝对值即为异常 CEO 权力。第一步所使用到的回归模型如式（4-1）所示，UNP 表示作为被解释变量的异常 CEO 权力，计算方法是用总经理薪酬除以前五名高管薪酬之和后得到商，lnSize 表示样本公司总资产的对数，lnSa 表示样本公司年度营业收入额的对数，Roa 表示总资产收益率，Rs 表示上市公司股票收益率，lnTm 表示样本公司总经理任职期限的对数，LB 表示样本公司的资产负债率，lnAge 表示公司上市时间的对数，mABP 表示研究样本中异常 CEO 权力的行业中位数，Cpex 表示资本支出与营业收入的比值。模型式（4-1）的残差的绝对值就是计算出的异常 CEO 权力 ABP 的值。

$$UNP = \beta_0 + \beta_1 lnSize + \beta_2 lnSa + \beta_3 Roa + \beta_4 Rs + \beta_5 lnTm + \beta_6 LB + \beta_7 lnAge + \beta_8 mABP +$$
$$\beta_9 Cpex + \varepsilon \qquad (4-1)$$

3. 控制变量

（1）总资产周转率（TAT）。

总资产周转率是样本公司年度营业收入除以年度平均总资产后得到的商，该指标可以衡量评价企业总资产投入与经营绩效之间的配比关系，该指标数值越高说明总资产周转的效率越高，资产利用和投资收益越好。该控制变量能够反映公司在一个会计年度内总资产的运营效率，变量数值越大表示总资产投入使用的机会和次数越多。

（2）应收账款周转率（TAR）。

应收账款周转率是样本公司年度营业收入除以平均应收账款后得到的商，该指标同样是衡量公司运营能力的指标。一般情况下，该指标数值越大说明公司的运营能力越强，但是也不是绝对的，应收账款收取的时间长短与企业的信用政策有着主要的联系。适当的延长公司信用政策期限，有助于提升客户好感度和业务黏性。

如果样本公司能够及时收回应收账款的资金，则可以明显提高公司的资金使用效率。企业的应收账款主要是由赊销行为产生的，但是公司外部人员无法得到准确的外部赊销数值，只能使用财务报表中的营业收入代替赊销数额。

（3）资产负债率（LB）。

资产负债率是样本公司总负债与总资产的比值，能够衡量公司负债水平和偿债能力。公司的资产负债率体现了使用债权融资进行生产经营的水平，债券投资人进行债券投资时衡量信用风险的重要指标，同时也可以表示企业在破产清算时债权人能够受到补偿的程度，当该指标数值超过 1 时，则说明企业的净资产已经资不抵债。

（4）流动比率（LR）。

流动比率是流动资产与流动负债的比值，能够反映样本公司短期偿债能力。公司内部流动资产包含货币资金和短期投资等变现能力强的资产。通常来说公司流动比率越高则公司变现能力越强。当流动资产是流动负债的 3 倍时，流动比率的数值为 3，此时即使有 1/3 的流动资产不能变现，也能够保证全部流动负债随时得到偿还。但是流动比例的数值也要保证合理性，同时处于不同行业的公司适合的流动比率范围也是不同的，如果流动比率数值异常的大，则说明公司内部持有货币资金或者存货积压过多，货币资金使用效率低下的同时投资理财能力差。

（5）净资产收益率（ROE）。

净资产收益率是净利润与平均所有者权益的比值，能够衡量样本公司的盈利能力，股东的所有者权益是构成企业总资产的一部分，净资产收益率越大，说明公司股东投资收益率越高，能够体现使用自有资金获取净收益的能力。

（6）基本每股收益同比增长率（EPS）。

基本每股收益同比增长率是第 t 年基本每股收益的变动量除以第 t-1 年基本每股收益数值的商，其中第 t-1 年是样本公司被实施特别处理的当年，第 t 年是样本公司被 ST 后的第一年。基本每股收益是指企业中属于普通股股东的那部分净利润除以发行在外普通股数的加权平均数得到的商，所以计算公式中不含属于优先股股东的那部分净利润。

（7）所有权性质（CNT）。

如果样本公司的所有权性质是国有企业时，虚拟变量所有权性质 CNT 取值为 1，否则取值为 0。国有企业由国家进行出资，企业所有权由全体人民所有，具体来说代表国家的国有资本管理部门负责对国有资产进行监督，保障其能够进行合理经营和保值增值。

（8）M2 货币增长率（MT）。

宏观经济环境的控制变量非常重要。2003~2007 年是中国加入世界贸易组织后的繁荣期，其间国内投资过快，结构性物价上涨压力大，国内货币政策在 2007 年从稳健的货币政策调整为适度从紧。2008~2012 年国内经济受到国际金融危机的影响，出现了经济增长下降但结构性物价上涨的困难局面，为此国内宏观经济政策为积极财政加适度宽松的货币政策。2013 年后中国经济步入新常态，供给侧结构性改革使经济发展方式转向高质量发展。

本章选取 M2 指数作为宏观经济控制变量，M2 指的是广义货币量，是狭义货币 M1 和准货币的和。狭义货币包括在银行体系之外流通的现金和企业的活期存款，准货币包括企业的定期存款、居民银行储蓄存款、存放在证券公司的客户保证金和其他存款等。当 M2 增长率提高时说明贷款机构贷出的款项增多，经济社会中进行生产建设的资金增加，带动社会产出的同时提高国民生产总值。当 M2 增速过低时，很可能说明经济社会中进行生产建设的资金减少，宏观经济有衰退的可能。

（9）总资产对数（SIZE）。

样本公司总资产的对数衡量的是公司的规模，公司规模的不同所面临的经营风险和资金实力通常有着显著差别。

（10）董事会人数（BOA）。

国内上市公司董事会对公司经营战略制定及执行过程中仍然能够起到一定的影响，所以需要控制样本公司的董事会影响，变量 BOA 代表样本公司董事会成员的数量。

（11）CEO 是否发生变更（CHA）。

样本公司被实施特别处理的当年及之后的三年内（样本的观测期）发生 CEO 变更时，变量 CHA 取值为 1，否则为 0。有些上市公司陷入财务困境后会采取更换 CEO 的措施来寻求突破，也有些上市公司对原 CEO 的管理权力进行调整，以应对新的经营环境，所以有必要对样本公司 CEO 是否发生变更进行控制。

表 4-3 对上述所有变量进行了汇总说明。

表 4-3 变量汇总表

变量名称	变量符号	变量定义
财务困境恢复	Re	如果样本公司在被 ST 后 3 年内取消实施特别处理的措施，则取值为 1，否则取值为 0
	Period	样本在被 ST 后摆脱实施特别处理措施所需要的时间构成的离散型序列变量，具体衡量方法见第四章第二节"变量定义"中的内容
成长能力恢复	DNNP	扣除非经常性损益净利润同比增长率（DNNP）＝第 t+1 年扣除非经常性损益净利润变动量/第 t 年扣除非经常性损益净利润。第 t 年指上市公司被 ST 当年，下同
	GROP	营业利润同比增长率（GROP）＝第 t+1 年营业利润变动量/第 t 年营业利润
	JYJ	经营活动产生现金流净额同比增长率（JYJ）＝第 t+1 年经营活动产生现金流净额变动量/第 t 年经营活动产生现金流净额
CEO 权力	Power	CEO 综合权力，从结构性权力、所有者权力、声望权力和专家权力四个维度进行构建，使用主成分分析法得到变量数值，具体衡量方法见第四章第二节"变量定义"中的内容
	ABP	异常 CEO 权力，使用残差法进行估计，使用残差的绝对值，具体衡量方法见第四章第二节"变量定义"中的内容
	STR	结构性权力。当样本公司被实施特别处理当年 CEO 兼任董事长时，Dual 变量取值为 1，否则为 0。当样本公司 CEO 兼任内部董事时，Sal 变量取值为 1，否则为 0。结构性权力变量值由上述两个变量求和得到
	OWN	所有者权力。如果样本公司中有管理层持股的现象，则 Rte 取值为 1，否则取值为 0。如果前十大股东持股比例小于样本行业平均值，则 Top 取值为 1，否则取值为 0。于是，上述两个指标的和构成所有者权力指标

续表

变量名称	变量符号	变量定义
CEO 权力	REPU	声望权力。当样本公司 CEO 具有研究生及以上学历时 Edu 取值为 1，否则取值为 0（谭庆美·魏东一，2014）。当样本公司 CEO 在公司外部有兼职时 Par 取值为 1，否则取值为 0，将上述两个指标数值进行相加即得到声望权力的变量值
	EXP	专家权力。当 CEO 的任职期限超过行业均值，则 Tenu 取值为 1，否则取值为 0；当样本公司 CEO 是由内部晋升则 Ins 取值为 1，否则取值为 0。专家权力由 CEO 任职期限和 CEO 是否由内部晋升两个指标构成
控制变量	TAT	总资产周转率=营业收入/平均总资产
	TAR	应收账款周转率=营业收入/平均应收账款
	LB	资产负债率=总负债/总资产
	LR	流动比率=流动资产/流动负债
	ROE	净资产收益率=净利润/平均所有者权益
	EPS	基本每股收益同比增长率=第 t 年基本每股收益的变动量/第 t-1 年基本每股收益
	CNT	如果样本公司的所有权性质是国有企业时，虚拟变量所有权性质 CNT 取值为 1，否则取值为 0
	MT	广义货币 M2 增长率
	SIZE	样本公司总资产的对数
	BOA	董事会成员的数量
	CHA	样本观测期 CEO 发生变更则取值为 1，否则为 0

三、模型构建

本章研究的是被实施特别处理的上市公司中 CEO 权力对财务困境化解影响的总效应，自变量有 CEO 综合权力和异常 CEO 权力两种，因变量分别是财务困境是否恢复的虚拟变量、财务困境化解需要时间的有序多值变量和衡量成长能力的连续型变量。由于因变量类型的不同，需要建立不同方法的回归模型，为了检验与 CEO 综合权力相关的三个假设建立了式（4-2）、式（4-3）和式（4-4）共三个模型，这三个模型分别使用 Probit、序列逻辑回归和加权最小二乘法进行回归。同理，建立式（4-5）、式（4-6）和式（4-7）三个模型检验与异常 CEO 权力相关的假设。

$$\text{Probit}(\text{Re}) = \alpha_0 + \beta_1 \text{Power} + \beta_2 \text{TAT} + \beta_3 \text{TAR} + \beta_4 \text{LB} + \beta_5 \text{LR} + \beta_6 \text{ROE} +$$
$$\beta_7 \text{EPS} + \beta_8 \text{CNT} + \beta_9 \text{MT} + \beta_{10} \text{SIZE} + \beta_{11} \text{BOA} + \beta_{12} \text{CHA} \qquad (4-2)$$

$$\begin{aligned} \text{Ologit(Period)} = & \alpha_0 + \beta_1 \text{Power} + \beta_2 \text{TAT} + \beta_3 \text{TAR} + \beta_4 \text{LB} + \beta_5 \text{LR} + \beta_6 \text{ROE} + \\ & \beta_7 \text{EPS} + \beta_8 \text{CNT} + \beta_9 \text{MT} + \beta_{10} \text{SIZE} + \beta_{11} \text{BOA} + \beta_{12} \text{CHA} \end{aligned} \quad (4\text{-}3)$$

$$\begin{aligned} \text{Grow} = & \alpha_0 + \beta_1 \text{Power} + \beta_2 \text{TAT} + \beta_3 \text{TAR} + \beta_4 \text{LB} + \beta_5 \text{LR} + \beta_6 \text{ROA} + \beta_7 \text{EPS} + \beta_8 \text{CNT} + \\ & \beta_9 \text{MT} + \beta_{10} \text{SIZE} + \beta_{11} \text{BOA} + \beta_{12} \text{CHA} \end{aligned} \quad (4\text{-}4)$$

$$\begin{aligned} \text{Probit(Re)} = & \alpha_0 + \beta_1 \text{ABP} + \beta_2 \text{TAT} + \beta_3 \text{TAR} + \beta_4 \text{LB} + \beta_5 \text{LR} + \beta_6 \text{ROE} + \beta_7 \text{EPS} + \\ & \beta_8 \text{CNT} + \beta_9 \text{MT} + \beta_{10} \text{SIZE} + \beta_{11} \text{BOA} + \beta_{12} \text{CHA} \end{aligned} \quad (4\text{-}5)$$

$$\begin{aligned} \text{Ologit(Period)} = & \alpha_0 + \beta_1 \text{ABP} + \beta_2 \text{TAT} + \beta_3 \text{TAR} + \beta_4 \text{LB} + \beta_5 \text{LR} + \beta_6 \text{ROE} + \\ & \beta_7 \text{EPS} + \beta_8 \text{CNT} + \beta_9 \text{MT} + \beta_{10} \text{SIZE} + \beta_{11} \text{BOA} + \beta_{12} \text{CHA} \end{aligned} \quad (4\text{-}6)$$

$$\begin{aligned} \text{Grow} = & \alpha_0 + \beta_1 \text{ABP} + \beta_2 \text{TAT} + \beta_3 \text{TAR} + \beta_4 \text{LB} + \beta_5 \text{LR} + \beta_6 \text{ROA} + \beta_7 \text{EPS} + \beta_8 \text{CNT} + \\ & \beta_9 \text{MT} + \beta_{10} \text{SIZE} + \beta_{11} \text{BOA} + \beta_{12} \text{CHA} \end{aligned} \quad (4\text{-}7)$$

建立研究 CEO 综合权力和异常 CEO 权力之后，继续研究构成 CEO 综合权力的不同维度权力对财务困境化解的影响，由此构建模型式（4-8）、式（4-9）和式（4-10）。

$$\begin{aligned} \text{Probit(Re)} = & \alpha_0 + \beta_1 \text{STR} + \beta_2 \text{OWN} + \beta_3 \text{REPU} + \beta_4 \text{EXP} + \beta_5 \text{TAT} + \beta_6 \text{TAR} + \\ & \beta_7 \text{LB} + \beta_8 \text{LR} + \beta_9 \text{ROE} + \beta_{10} \text{EPS} + \beta_{11} \text{CNT} + \beta_{12} \text{MT} + \beta_{13} \text{SIZE} + \\ & \beta_{14} \text{BOA} + \beta_{15} \text{CHA} \end{aligned} \quad (4\text{-}8)$$

$$\begin{aligned} \text{Ologit(Period)} = & \alpha_0 + \beta_1 \text{STR} + \beta_2 \text{OWN} + \beta_3 \text{REPU} + \beta_4 \text{EXP} + \beta_5 \text{TAT} + \beta_6 \text{TAR} + \\ & \beta_7 \text{LB} + \beta_8 \text{LR} + \beta_9 \text{ROE} + \beta_{10} \text{EPS} + \beta_{11} \text{CNT} + \beta_{12} \text{MT} + \beta_{13} \text{SIZE} + \\ & \beta_{14} \text{BOA} + \beta_{15} \text{CHA} \end{aligned} \quad (4\text{-}9)$$

$$\begin{aligned} \text{Grow} = & \alpha_0 + \beta_1 \text{STR} + \beta_2 \text{OWN} + \beta_3 \text{REPU} + \beta_4 \text{EXP} + \beta_5 \text{TAT} + \beta_6 \text{TAR} + \beta_7 \text{LB} + \beta_8 \text{LR} + \\ & \beta_9 \text{ROA} + \beta_{10} \text{EPS} + \beta_{11} \text{CNT} + \beta_{12} \text{MT} + \beta_{13} \text{SIZE} + \beta_{14} \text{BOA} + \beta_{15} \text{CHA} \end{aligned} \quad (4\text{-}10)$$

第三节　描述性统计

一、CEO 权力相关变量

如表4-4所示，根据描述性统计的结果可知，样本 CEO 综合权力 Power 数值在 2008 年均值为 1.19，方差为 0.87，该值为研究期内的最小值；2009 年该变量均值达到了最大值 2.29，方差为 1.71。通过这两年的方差值对比可以看出，在 CEO 综合权力均值较小的时期，样本之间的数值差异也较小；CEO 综合权力均值较大的时期，样本之间的数值差异也较大。结合不同时期经济环境的特点也能看出，在经济下行时期，CEO 综合权力的均值普遍下降，而在经济复苏时期，CEO 综合权力的均值也在上升。具体来说，2008 年发生了全球性的金融危机，国内上市公司的经营绩效也受到了较为明显的负面影响。之后国内宏观经济政策具有扩大市场内需的效果，同时在财政支撑产业提出了扩大内需的十项措施。2009 年后国内经济增长的先行指标开始出现复苏迹象，如工业用发电量、广义货币增长率、社会融资额和经理人采购指数等开始触底回升。类似的变化规律在2014—2015 年的 CEO 综合权力均值的比较中也能得到，其间均值从 1.47 提升到2.02。在经济环境方面，2015 年国内开始了创新创业和并购的热潮，相关的上市公司在业绩上有明显的提升。

表 4-4　CEO 权力相关变量描述性统计

年份	变量	均值	标准差	最大值	最小值	p25	p50	p75	样本数量
2007	Power	1.79	1.47	7.04	0	0.44	1.76	2.75	53
	ABP	0.042	0.19	0.368	0	0.009	0.045	0.315	53
2008	Power	1.19	0.87	2.75	0	0.44	0.99	1.76	20
	ABP	0.051	0.17	0.401	0.246	0.008	0.052	0.385	20
2009	Power	2.29	1.71	5.39	0.11	0.99	1.76	3.96	23
	ABP	0.039	0.22	0.338	0	0.006	0.038	0.322	23
2010	Power	1.85	1.43	5.39	0.11	0.44	1.76	2.75	37
	ABP	0.034	0.21	0.361	0.123	0.005	0.036	0.346	37
2011	Power	1.80	1.20	3.96	0.44	0.99	1.76	2.255	12
	ABP	0.042	0.21	0.338	0.123	0.0079	0.041	0.322	12
2012	Power	1.35	0.92	3.96	0	0.715	0.99	1.76	24
	ABP	0.036	0.16	0.291	0.246	0.006	0.049	0.285	24
2013	Power	1.62	1.48	5.39	0.11	0.44	1.76	2.75	18
	ABP	0.039	0.22	0.318	0	0.007	0.041	0.307	18

续表

年份	变量	均值	标准差	最大值	最小值	p25	p50	p75	样本数量
2014	Power	1.47	1.24	3.96	0	0.44	0.99	2.75	31
	ABP	0.031	0.21	0.324	0.123	0.008	0.033	0.318	31
2015	Power	2.02	1.35	5.39	0	0.99	1.76	2.75	37
	ABP	0.036	0.19	0.361	0	0.006	0.039	0.342	37
汇总	Power	1.74	1.36	7.04	0	0.44	1.76	2.75	255
	ABP	0.039	0.20	0.384	0	0.008	0.0372	0.369	255

另外，根据CEO权力描述性统计汇总表可以看出，异常CEO权力的变量值在2008年达到最大0.051，之后两年有下降的趋势，在2011年回升后又开始走低。从社会现象方面来看，政府在2012年开始推行"八项规定"，厉行勤俭节约，大力度打击腐败行为。同时在2014年国有企业开始研究限薪令政策，高管领取的薪酬需要与其做出的业绩贡献和面临的经营风险相匹配，如果不能匹配的话则混合所有制改革将会难以进行。

二、财务困境化解相关变量

本书所适用的数据结构类型是混合截面数据，混合截面数据的特点是在不同时点上，对研究样本的相同变量进行观测并所得到相应数据。由于本书研究的主题是观测陷入财务困境的公司摆脱困境的过程，所以符合研究条件的公司在不同年份的数量不同，为了化解样本年份不同对研究结果的影响，在进行模型构建时会将"年份"作为控制变量，这也符合混合截面数据模型研究的特征。在本章所研究的255个被实施特别处理的样本公司中，三年内化解财务困境的样本公司有159家，占样本比例为62.4%，三年内没有被撤销ST的公司数为96家，占比为37.6%。在三年内化解财务困境的样本公司中，有57家公司在一年内被撤销ST，占比为35.8%；有74家公司在两年内被撤销ST，占比为46.5%；有28家样本公司财务困境化解的时间大于两年小于三年，占比为17.6%。表4-5统计了陷入财务困境的样本化解困境的概率和所需时间的数据，全部样本化解困境的概率为62.4%，化解困境所需的时间为1.353年。样本化解困境比例最大的年份是2015年，为97.3%，化解比例最小的年份为2008年，为25%。这两个年份也有差异较大的经济特征，如 2008 年正值全球性金融危机时期，2015 年是创业板牛市时期，企业化解财务困境的效率会受经济环境的影响。

表4-5　财务困境化解相关变量描述性统计

年份	变量	均值	标准差	p25	p50	p75	样本数量
2007	Re	0.434	0.500	0	0	1	53
	Period	0.887	1.138	0	0	2	53
2008	Re	0.250	0.444	0	0	0.5	20
	Period	0.500	0.946	0	0	0.5	20
2009	Re	0.391	0.499	0	0	1	23
	Period	0.652	0.935	0	0	1	23
2010	Re	0.486	0.507	0	0	1	37
	Period	0.811	0.995	0	0	1	37
2011	Re	0.750	0.452	0.5	1	1	12
	Period	1.250	0.866	0.5	1.5	2	12
2012	Re	0.875	0.338	1	1	1	24
	Period	1.958	0.908	2	2	2.5	24
2013	Re	0.722	0.461	0	1	1	18
	Period	1.667	1.237	0	2	3	18
2014	Re	0.806	0.402	1	1	1	31
	Period	2.065	1.124	2	2	3	31
2015	Re	0.973	0.164	1	1	1	37
	Period	2.351	0.716	2	2	3	37
汇总	Re	0.624	0.485	0	1	1	255
	Period	1.353	1.191	0	2	2	255

表4-6 是回归模型控制变量的描述性统计。以总资产周转率 TAT 为例，均值为 0.636，该值大于中位数 0.503，说明该变量数值的分布符合右偏的特征，同样具有右偏分布特征的变量有 TAR、LR、ROE 和 EPS 等。描述性统计是描述经过处理后的数据，在进行模型构建的量化研究中，为了减少变量数量级对模型运行效果的影响，不同变量的单位量级并不完全一样，有的变量数据会进行标准化或者对数化处理，处理后的数据也就失去了具有实际含义的单位。另外，N 值小于 255 的变量说明存在少量缺失值。

表4-6 控制变量描述性统计

变量	均值	标准差	最大值	最小值	p25	p50	p75	样本数量
TAT	0.636	0.503	2.740	0.025	0.297	0.503	0.811	255
TAR	27.261	63.438	419.720	0.820	3.440	7.830	21.940	247
LB	67.932	33.454	204.980	7.430	47.770	67.960	82.660	255
LR	1.150	1.246	8.610	0.080	0.520	0.800	1.310	253
ROE	10.398	25.745	159.960	-91.830	2.360	4.185	13.175	224
EPS	125.748	117.048	732.080	-212.500	103.450	110.445	132.000	254
CNT	0.564	0.497	1	0	0	1	1	250
MT	0.166	0.045	0.284	0.110	0.133	0.167	0.178	255
SIZE	2.809	1.307	7.389	-2.442	2.025	2.799	3.440	255
BOA	8.743	1.887	15	5	7	7	11	255
CHA	0.345	0.722	1	0	0	0	1	255

第四节 单变量分析

将研究样本按照被实施特别处理后的三年内是否撤销 ST 的标准分为两组，分别统计样本变量均值和中位数，并分别进行 T 检验和 Mann-Whitney 检验。脱困样本中 CEO 综合权力 Power 的均值为 2.065，大于未脱困样本中 Power 的均值 1.195，同时 T 检验和 Mann-Whitney 检验结果都是显著的。脱困样本中异常 CEO 权力 ABP 的均值和中位数分别是 0.029 和 0.032，两个数值都小于未脱困样本组的 0.041 和 0.035，T 检验和 Mann-Whitney 检验结果都是 1% 水平上显著（见表4-7）。

由表4-7可知控制变量中脱困样本组总资产周转率 TAT 和应收账款周转率 TAR 均值分别是 0.707 和 30.512，都大于未脱困样本组的 0.517 和 21.784，说明在营运能力上脱困样本组要大于未脱困样本组。资产负债率 LB 显示未脱困样本组均值为 77.49%，该值大于脱困样本组均值 62.16%，说明未脱困样本组平均负债水平要高于脱困样本组，这项特征同样可以从长期资本负债率变量比较中看出。流动比例 LR 衡量样本公司的短期偿债能力，脱困样本组均值 1.37 要大于未脱困样本组均值 0.789。净资产收益率 ROE 衡量样本公司成长能力，脱困样本组均值为 13.895% 显著大于未脱困样本组均值 3.978%。衡量样本公司成长能力的每股收益增长率 EPS 变量具有脱困样本组更高的特征。实际控制人性质 CNT 显示未脱困样本中国企性质比例更高，同样在衡量宏观货币流动性指标 M2 增长率均值在未脱困样本组中更高。由于宏观环境控制变量广义货币增长率 M2 使用的是样本公司被 ST 当年的数据，企业陷入财务困境的状态是在前几年经营结果下积累的，当宏观经济环境持续变差时，企业陷入财务困境的可能性越高，反而大批企业陷入财务困境后，政府制定的宏观政策通常将倾向于宽松。

表 4-7　单变量分析汇总表

变量	脱困样本组		未脱困样本组		T 检验	Mann-Whitney 检验
	均值	中位数	均值	中位数		
Power	2.065	1.760	1.195	0.990	−0.870 ***	−5.021 ***
ABP	0.029	0.032	0.041	0.035	0.115 ***	−2.812 ***
JGX	0.667	1	0.573	0	−0.094 *	−1.174 *
SYQ	0.717	1	1.125	1	0.408 ***	4.222 ***
SW	1.258	1	0.646	1	−0.612 ***	−6.243 ***
ZJ	1.365	2	0.646	1	−0.719 ***	−6.960 ***
TAT	0.707	0.530	0.517	0.471	−0.191 ***	−1.690 *
TAR	30.512	8.200	21.784	6.665	−8.728	−2.813 ***
LB	62.160	62.460	77.486	72.395	15.322 ***	3.288 ***
LR	1.370	1.030	0.789	0.600	−0.581 ***	−5.248 ***
ROE	13.895	5.520	3.978	3.290	−9.917 ***	−3.416 ***
EPS	136.670	114.290	107.763	108.155	−28.912 *	−2.448 ***
CNT	0.532	1	0.615	1	0.082	1.271
MT	0.155	0.144	0.184	0.176	0.030 ***	6.059 ***
SIZE	2.976	2.920	2.533	2.584	−0.443 ***	−2.587 ***
BOA	8.105	7	9.089	7	0.878 **	2.687 **
CHA	0.486	0	0.287	0	−0.468 **	1.783 *

注：*** 、** 、*分别代表在 1%、5%、10%水平上显著。

第五节　相关性分析

　　表4-8报告了检验模型中变量之间的Pearson相关性系数汇总表。从各变量之间相关性结果来看，除了极少数变量之间的相关系数外，绝大部分变量的相关系数不超过0.5，而且根据Ho和Wong（2001）统计模型检验结果，变量之间相关系数绝对数值不超过0.8时就不存在严重的多重共线性问题。回归模型的被解释变量有五个，分别是被实施特别处理后三年内是否撤销ST的虚拟变量、财务困境化解时间的序列离散变量、扣除非经常性损益净利润同比增长率、营业利润同比增长率和经营活动产生现金流净额增长率，在相关性检验中CEO综合权力Power与五个被解释变量都是正相关，与前两个被解释变量是1%水平上显著，与扣除非经常性损益净利润同比增长率在10%水平上显著。异常CEO权力ABP与前两个被解释变量在1%水平上显著负相关，与DNNP和GROP在10%水平上显著负相关。

　　与虚拟变量Re呈现正相关的控制变量有总资产周转率、应收账款周转率、流动比率、净资产收益率、每股收益同比增长率和公司规模，其中TAT、LR、ROE和SIZE都在1%水平上显著。与虚拟变量Re呈负相关的控制变量有异常CEO权力、资产负债率、国有企业性质和广义货币增长率。与衡量脱困时间长短的离散型序列变量Period正相关且显著的变量有CEO综合权力、总资产周转率、流动比率、净资产收益率、基本每股收益增长率，与离散型序列变量Period呈负相关且显著的变量有异常CEO权力和资产负债率。与衡量公司成长能力的扣非净利润增长率DNNP呈显著正相关的变量有CEO综合权力和总资产周转率，与其显著负相关的变量有异常CEO权力。

表4-8 相关性检验汇总表

	Re	Period	DNNP	GROP	JYJ	Power	ABP	TAT	TAR	LB	LR	ROE	EPS	CNT	MT	SIZE	CHA
Re	1																
Period	0.884***	1															
DNNP	0.091	0.130**	1														
GROP	0.112*	0.147***	0.864***	1													
JYJ	-0.057	-0.072	-0.002	-0.001	1												
Power	0.310***	0.225***	0.108*	0.099	0.049	1											
ABP	-0.278***	-0.194***	-0.112*	-0.121*	0.043	-0.925***	1										
TAT	0.184***	0.190***	0.220***	0.202***	-0.085	-0.001	0.006	1									
TAR	0.067	0.076	0.002	-0.014	0.027**	-0.005	0.003	0.175***	1								
LB	-0.222***	-0.264***	-0.057	-0.094	-0.001	-0.025	-0.016	0.005	0.008	1							
LR	0.227***	0.231***	0.041	0.068	-0.058**	0.132**	-0.081	-0.073	0.051	-0.514***	1						
ROE	0.184***	0.226***	0.073	0.074	-0.012	0.041	-0.064	0.131*	0.066	0.077	0.001	1					
EPS	0.120*	0.139**	-0.013	0.016	-0.025	-0.084	0.057	0.032	-0.041	-0.230***	0.056	0.151**	1				
CNT	-0.081	-0.036	-0.105*	-0.088	-0.070	-0.126**	0.130**	0.069	0.015	0.116*	-0.134**	-0.089	0.01	1			
MT	-0.320***	-0.410***	-0.015	-0.017	0.125***	0.121*	-0.129**	-0.046	-0.002	0.052	-0.047	-0.068	-0.027	-0.007	1		
SIZE	0.164***	0.229***	-0.248***	-0.162***	-0.097	-0.120*	0.123*	0.054	0.156**	0.055	-0.197***	-0.035	0.097	0.296***	-0.174***	1	
CHA	0.135*	0.098*	0.042	0.287	0.341**	0.214*	-0.031*	0.087	0.247	-0.042*	0.087	0.447***	0.273*	-0.767*	0.471	-0.28	1

注：***、**、*分别代表在1%、5%、10%水平上显著，检验方式为Pearson检验。

第六节　多元回归分析

一、CEO 综合权力与财务困境化解

表4-9汇总了回归模型检验CEO综合权力对财务困境化解和成长能力恢复的影响的结果。CEO综合权力 Power 与上市公司是否化解财务困境的虚拟变量 Re、财务困境化解期限 Period 和经营活动产生现金流净额同比增长率（JYJ）的回归系数在1%水平上呈显著正相关，与扣除非经常性损益净利润同比增长率（DNNP）的回归系数在5%水平上显著正相关，与营业利润同比增长率（GROP）的回归系数在10%水平上呈显著正相关。五个回归模型中，Pseudo R^2 和调整 R^2 的数值都在10%以上，说明本章所建立的模型具有较好的拟合效果。表4-9第一列的回归结果证明了假设4.1a，即对于实施特别处理的上市公司而言，CEO综合权力越大，上市公司化解财务困境的概率越大。第二列的回归结果证明了假设4.1b，即对于实施特别处理的上市公司而言，CEO综合权力越大，上市公司化解财务困境的速度越快。第三列至第五列的回归结果证明了假设4.1c，即对于实施特别处理的上市公司而言，CEO综合权力越大越有利于上市公司成长能力的恢复。

表4-9　CEO 综合权力对财务困境化解和成长能力的影响

变量	Y＝Re	Y＝Period	Y＝DNNP	Y＝GROP	Y＝JYJ
Power	0.534 ***	0.508 ***	117.4 **	667.1 *	89.02 ***
	（4.463）	（4.368）	（2.210）	（1.796）	（2.847）
TAT	1.359 ***	1.247 ***	276.6 *	−379.5	−53.97
	（3.452）	（3.510）	（1.936）	（−0.380）	（−0.642）
TAR	−0.0004	0.0010	1.035	−24.70 ***	3.045 ***
	（−0.189）	（0.462）	（0.864）	（−2.951）	（4.321）

续表

变量	Y = Re	Y = Period	Y = DNNP	Y = GROP	Y = JYJ
LB	−0.0189*	−0.0459***	−1.011	65.92**	0.444
	(−1.739)	(−3.750)	(−0.256)	(2.389)	(0.191)
LR	0.869***	0.0515	47.48	3065***	22.74
	(2.576)	(0.301)	(0.339)	(3.134)	(0.276)
ROE	0.0094*	0.0178**	—	—	—
	(1.921)	(2.524)			
EPS	0.0001	−0.0004	−0.962	−4.097	−0.458
	(0.0966)	(−0.253)	(−1.420)	(−0.866)	(−1.150)
CNT	−0.484*	−0.208	66.76	−1651*	12.77
	(−1.682)	(−0.655)	(0.472)	(−1.669)	(0.153)
MT	−12.67***	−23.34***	4328**	19158	−168.2
	(−3.930)	(−5.358)	(2.120)	(1.343)	(−0.140)
SIZE	0.405***	0.270*	−27.90	1938***	59.21*
	(2.588)	(1.717)	(−0.466)	(4.633)	(1.681)
ROA	—	—	15.68	140.5**	5.197
			(1.617)	(2.075)	(0.911)
BOA	−0.5404	1.431	2.745	−2.743**	3.045*
	(−1.347)	(0.832)	(1.304)	(−2.151)	(1.721)
CHA	0.5709*	1.2045**	2.753**	4.92**	2.654
	(1.819)	(2.352)	(2.203)	(2.087)	(0.821)
样本数量	255	255	255	255	255
Pseudo R² / Adjusted R²	0.42	0.21	0.10	0.19	0.177

注：表头各项表示模型中的被解释变量，下文各回归结果表的表示方法相同；前两列回归系数下方括号内的数值是经稳健协方差修正后的 z 值，后三列回归系数下方括号内的数值是经异方差调整后的 t 值；***、**、*分别代表在 1%、5%、10%水平上显著。

被解释变量为 Re 时，系数显著为正的控制变量有总资产周转率（TAT）、流动比率（LR）、净资产收益率（ROE）和公司总资产（SIZE）。上市公司营运能力、偿债能力、成长能力和公司规模的提升能够显著帮助公司化解财务困境。回归系数显著为负的变量有资产负债率（LB）、实际控制人性质（CNT）和广义货币增长率（MT）。处于财务困境的上市公司提升资产负债率不利于公司脱困，提高公司举债经营的水平同时也会增加利息支出的负担，如果公司资金利用的收益率低于融资利息率的话，负债经营反而恶化了经营结果。

根据 Finkestein（1992）提出的从四个维度综合构建衡量 CEO 权力的理论模型，CEO 综合权力变量 Power 构成的维度来自结构性权力、所有者权力、声望权力和专家权力。从 CEO 权力的来源可以看出，四个维度管理层权力的来源都有一定的积极因素，由此构成的 CEO 综合权力将会为处于财务困境的公司脱困产生积极的意义。权力来源为积极因素的 CEO 综合权力将有助于公司化解财务困境，结构性权力的来源是企业内部层级结构的设置，企业的组织结构经过了长时间的演化后，形成了现代公司治理制度体系，企业内部的整体框架有其科学性、合理性和效率性。专家权力是 CEO 通过自身专业技能、工作经验和职业判断获得等，帮助公司制订正确的战略方向和生产经营计划。当 CEO 能够利用自身声望、信誉、行业影响力和外部组织能力为企业带来融资渠道、投资机会或者优惠政策等，CEO 人员声望所带来的政治关联会提高贷款机构为企业提供融资支持的概率。

针对本章具体研究的 CEO 权力与财务困境化解问题，使用管家理论对实证结果进行解释更为科学合理。委托代理理论关注的是信息不对称和利益目标冲突所产生的代理成本，代理人倾向于采取投机行为来为自身谋求私利并同时也损害了委托人的利益。管家理论主张代理人的工作目标是实现委托人利益最大化，原因在于管理层人员为了满足自身的成就感，会积极地接受具有挑战性的工作并主动承担工作责任，努力地争取企业领导和同事们的认可，并想要在工作中树立自身权威。尤其对于处于财务困境状态的企业来说由于经营环境和状态发生了显著的变化，企业首先会调整之前的正常经营战略和决策，然后对管理层人员及其管理权力进行相应调整。此时依然与企业并肩作战的管理层人员，具有强烈的职业道德和工作信仰，同时他们会为了满足自身的成就感而努力工作。此时管理层人员不具有利己主义和机会主义，他们天然的工作动机是积极向上的，没有普遍存在的工作心理阻碍。

二、异常 CEO 权力与财务困境化解

异常 CEO 权力 ABP 对财务困境化解和成长能力恢复影响的回归模型汇总结果如表 4-10 所示。由于高管人员一般都存在着有限理性和自利性的特征，当其拥有异常权力时倾向于以自身谋求私利的目的去侵占公司集体利益，这些行为如果无法得到控制的话将会对公司产生极其负面的影响。本章使用残差法得到异常 CEO 权力 ABP 的数值，异常 CEO 权力与上市公司是否化解财务困境的虚拟变量（Re）、财务困境化解期限（Period）、经营活动产生现金流净额同比增长率（JYJ）和营业利润同比增长率（GROP）的回归系数在 1% 水平上显著正相关，与扣除非经常性损益净利润同比增长率（DNNP）的回归系数不显著，只是符号为负。表 4-10 中第一列的回归结果证明了假设 4.3a，即对于实施特别处理的上市公司而言，异常 CEO 权力越大，上市公司化解财务困境的概率越小。第二列回归结果证明了假设 4.3b，即对于实施特别处理的上市公司而言，异常 CEO 权力越大，上市公司化解财务困境的速度越慢。第三列主要观察变量 ABP 的回归系数不显著，但是第四列和第五列的回归结果足以证明假设 4.3c 成立，即对于实施特别处理的上市公司而言，异常 CEO 权力越大越不利于上市公司成长能力的恢复。

表 4-10 异常 CEO 权力对财务困境化解和成长能力的影响

变量	Y = Re	Y = Period	Y = DNNP	Y = GROP	Y = JYJ
ABP	−2.912***	−3.109***	−560.8	−8562***	−647.0***
	(−4.376)	(−3.998)	(−1.532)	(−3.450)	(−3.033)
TAT	1.322***	1.259***	280.2*	−347.3	−50.79
	(3.440)	(3.533)	(1.947)	(−0.356)	(−0.606)
TAR	6.63e-05	0.00116	0.975	−21.57***	3.143***
	(0.0266)	(0.505)	(0.803)	(−2.621)	(4.444)
LB	−0.0204*	−0.0449***	0.320	56.05**	0.734
	(−1.914)	(−3.714)	(0.0822)	(2.124)	(0.324)
LR	0.907***	0.0463	76.71	2926***	32.33
	(2.698)	(0.274)	(0.549)	(3.090)	(0.397)
ROE	0.0108**	0.0171**	—	—	—
	(2.125)	(2.453)			

续表

变量	Y = Re	Y = Period	Y = DNNP	Y = GROP	Y = JYJ
EPS	−3.62e−05	−0.0006	−1.041	−4.251	−0.506
	(−0.0249)	(−0.444)	(−1.530)	(−0.922)	(−1.277)
CNT	−0.453	−0.230	62.24	−1151	31.05
	(−1.603)	(−0.728)	(0.431)	(−1.175)	(0.369)
MT	−12.60***	−23.26***	4594**	12898	−287.0
	(−3.960)	(−5.321)	(2.225)	(0.922)	(−0.239)
SIZE	0.368**	0.263*	−31.98	1972***	58.45*
	(2.407)	(1.679)	(−0.531)	(4.828)	(1.665)
ROA	—	—	19.59**	118.2*	6.323
			(2.073)	(1.845)	(1.149)
BOA	−0.5404	1.431	2.745	−2.743**	3.045*
	(−1.347)	(0.832)	(1.304)	(−2.151)	(1.721)
CHA	0.5709*	1.2045**	2.753**	4.92**	2.654
	(1.819)	(2.352)	(2.203)	(2.087)	(0.821)
样本数量	255	255	255	255	255
Pseudo R² / Adjusted R²	0.40	0.20	0.09	0.22	0.182

注：前两列回归系数下方括号内的数值是经稳健协方差修正后的 z 值，后三列回归系数下方括号内的数值是经异方差调整后的 t 值，***、**、*分别代表在 1%、5%、10%水平上显著。

异常 CEO 权力负面影响的一种直接表现方式是令公司经营业绩变差，管理权力的产生本身是为了应对市场竞争、制定科学策略和提高经营效率的需要。在公司孵化阶段，总体资产规模较小且业务线较为简单，高效快速的决策反应有利于产品快速进入市场，此时决策者拥有绝对权力会产生部分积极意义。但是随着公司规模的发展，内部组织结构日益复杂，产品线增多，影响公司经营情况的因素增加，个人处理事务的精力和专业能力覆盖领域会出现局限性，此时一个人的缺陷就会变成整个公司的缺陷。除非拥有异常权力的管理者能够抑制对权力的欲望，将企业的战略发展驱动由个人意志主导转向科学专业化经营主导。异常 CEO 权力同样会提高公司的财务风险，在公司的各项财务活动中，由于公司内外部因素等影响将会导致由实际收益和期望收益之间产生差异所引起的经济损失对 CEO 异常权力的监督可以借助公司财务预警量化指标体系，即基于公司财务报表数据、发展战略、经营策略和其他商业信息，利用包括统计学、逻辑学和人工智能等多种分析方法，对公司的发展方向、经营结果和财务状况进行预测，目的是发现公司在经营过程中可能潜在发生的各种经营风险和财务会计风险，并在风险导致的危机发生之前对公司相关管理者发出警告，并帮助其采取纠正措施的一套系统。异常 CEO 权力引发的财务风险包括内生部分和外部传导部分，内生的财务风险可以通过选取公司财务指标进行量化，包括成长能力、偿债能力和运营能力。外部传导财务风险架构体系包括供应商传导、销售商传导和外部宏观传导，涉及的指标包括次品率、准时交货率、市场占有率、信用状况、现金流动负债比率、系统集成程度、客户忠诚度和信息化水平等。

三、不同维度 CEO 权力与财务困境化解

进一步地按照来源的不同将 CEO 权力进行划分为结构性权力（STR）、所有者权力（OWN）、声望权力（REPU）和专家权力（EXP），为研究不同维度管理层变量对财务困境化解的影响构建了式（4-8）、式（4-9）、式（4-10），模型回归结果如表 4-11 所示。

表 4-11　不同维度 CEO 权力对财务困境化解和成长能力的影响

变量	Re	Period	DNNP	GROP	JYJ
STR	0.187	0.431*	149.9	1802**	42.03
	(0.834)	(1.758)	(1.170)	(2.051)	(0.574)
OWN	−0.281	−0.582**	−90.87	−205.8	−107.9*
	(−1.377)	(−2.477)	(−0.848)	(−0.280)	(−1.759)
REPU	0.549***	0.618***	153.8	−618.8	109.5*
	(2.997)	(2.867)	(1.419)	(−0.832)	(1.767)
EXP	0.788***	0.849***	42.14**	1407**	142.5**
	(4.450)	(4.184)	(2.434)	(2.110)	(2.564)
TAT	1.287***	1.260***	314.6**	−205.7	−16.42
	(3.194)	(3.589)	(2.188)	(−0.208)	(−0.200)
TAR	−0.00135	−0.000152	0.792	−22.17***	2.754***
	(−0.506)	(−0.0644)	(0.643)	(−2.625)	(3.910)

续表

变量	Re	Period	DNNP	GROP	JYJ
LB	−0.0157	−0.0408***	−1.817	50.22*	−1.067
	(−1.374)	(−3.290)	(−0.454)	(1.830)	(−0.466)
LR	0.716**	0.0226	28.44	2620***	−9.120
	(2.009)	(0.131)	(0.201)	(2.700)	(−0.113)
ROE	0.00571	0.0127*	—	—	
	(1.097)	(1.827)			
EPS	0.00109	0.000476	−1.200*	−4.584	−0.556
	(0.674)	(0.328)	(−1.748)	(−0.973)	(−1.415)
CNT	−0.428	−0.287	141.4	−1148	49.86
	(−1.425)	(−0.880)	(0.937)	(−1.108)	(0.577)
MT	−9.094***	−17.43***	5,840***	22533	1515
	(−2.622)	(−4.097)	(2.606)	(1.465)	(1.181)
SIZE	0.239	0.158	−14.73	1863***	60.15*
	(1.518)	(0.956)	(−0.241)	(4.435)	(1.717)
ROA	—	—	13.70	109.6	−0.503
			(1.366)	(1.593)	(−0.0877)
BOA	−0.5404	1.431	2.745	−2.743**	3.045*
	(−1.347)	(0.832)	(1.304)	(−2.151)	(1.721)
CHA	0.4503*	1.3645**	2.231*	3.582*	2.654
	(1.904)	(2.435)	(1.790)	(1.887)	(1.321)
样本数量	255	255	255	255	255
Pseudo R² / Adjusted R²	0.20	0.19	0.10	0.22	0.22

注：前两列回归系数下方括号内的数值是经稳健协方差修正后的 z 值，后三列回归系数下方括号内的数值是经异方差调整后的 t 值，***、**、* 分别代表在 1%、5%、10% 水平上显著。

结构性权力（STR）回归系数显著为正时对应的因变量有财务困境化解期限（Period）和营业利润同比增长率（GROP）。当公司化解财务困境的速度越快时变量（Period）数值越大，回归结果证明了结构性权力（STR）有助于提高公司化解财务困境的速度。将所有者权力（OWN）作为解释变量时，变量系数显著时对应的被解释变量是财务困境化解期限和经营活动产生现金流净额同比增长率

（JYJ），而且在两个模型中的回归系数显著为负，样本数据的回归结果说明管理层所有者权力抑制了公司化解财务困境的速度，也不利于经营活动产生现金流净额同比增长。这个结果和预期相反，也说明了在企业处于财务困境时期，不应强化 CEO 的所有者权力。所有者权力的优势在于使 CEO 享受到企业的剩余收益，但当企业处于困境时期，几乎没有剩余收益供股东所享有，所以此时股权激励的效果难以出现。

将声望权力（REPU）作为解释变量，该变量回归系数显著时对应的被解释变量是 Re、Period 和 JYJ，样本数据回归模型的结果显示提高管理层声望权力能够增加处于财务困境企业脱困的可能性，能够加快企业化解财务困境的速度，同时提高经营活动产生现金流净额同比增长率。最后将管理层专家权力（EXP）作为解释变量时，对于所有的被解释变量其回归系数都显著为正，实证检验结果说明 CEO 专家权力能够对财务困境化解的多个方面起到积极作用。

第七节　稳健性检验

一、内生性检验

作为解释变量的 CEO 权力变量可能存在内生性问题，本章研究的被解释变量是样本公司能否化解财务困境的虚拟变量，于是针对被解释变量的数据类型构建工具变量 Probit 模型（以下简称 IV Probit）来进行内生性的检验。首先构建 IV Probit 模型（陈强，2014）：

$$Power = \delta + \beta_1 mkt + \cdots + \beta_n x_n + \varepsilon \tag{4-11}$$

$$Re^* = \alpha + \beta_1 Power + \cdots + \beta_n x_n + \varepsilon \tag{4-12}$$

式（4-11）称为第一阶段方程，解释变量中不含有内生变量。在式（4-12）中含有内生变量 Power，Re^* 为不可观测的潜变量，Re 为能够观测的虚拟变量。当 Re^* 大于 0 时，则 Re 等于 1，其他情况时 Re 为 0。

本章选取替代 CEO 综合权力 Power 的工具变量为中国分省份市场化指数

（王小鲁等，2019），简写为 Mkt。中国分省份市场化指数从不同方面对一段时期内各省级地区的市场化改革进程情况进行评价，评价的结果能够为政府机构、潜在投资者、企业经营者和经济界学者提供重要的参考依据。本章根据样本公司的办公地址所在省份获取其对应的中国分省份市场化指数值。控制变量为基本每股收益同比增长率（EPS）、应收账款周转率（TAR）、资产负债率（LB）、企业规模（SIZE）、现金流量利息保障倍数（CFI）和广义货币 M2 增长率（MT）、董事会成员数量（BOA）和 CEO 是否变更（CHA）。

IV Probit 估计二阶段检验回归结果如表 4-12 所示。从第一阶段的回归结果可以看出，工具变量中国分省份市场化指数（Mkt）与 CEO 综合权力（Power）显著正相关，对其具有较强的解释力。第二阶段回归结果中，Wald 检验结果 p 值为 0.131，不能拒绝原假设，即原解释变量的内生性并不明显。

表 4-12　IV Probit 估计二阶段回归结果

变量	第一阶段	第二阶段
	Y = Power	Y = Re
Power	—	0.9603 **
		(2.39)
Mkt	0.0137 *	—
	(1.71)	
EPS	0.0007 ***	0.0445
	(2.67)	(1.37)
NCO	−0.0459 ***	−0.6754 **
	(−3.750)	(−2.55)
LB	0.0300 ***	0.3493 **
	(−3.24)	(2.16)
CFI	0.0068 **	0.6984 ***
	(2.09)	(2.85)
COR	1.1664 ***	6.5638 **
	(6.05)	(2.57)
MT	0.5974 *	11.0843 *
	(1.72)	(1.92)

变量	第一阶段	第二阶段
	Y = Power	Y = Re
BOA	−0.7842	0.856
	(−1.207)	(0.906)
CHA	0.9863**	1.5245**
	(2.104)	(2.565)
样本数量	209	209
F 值	165.28	—
Adjusted R^2	0.67	—
p-value	—	0.131

注：第一列列回归系数下方括号内的数值是经稳健协方差修正后的 t 值，第二列回归系数下方括号内的数值是经异方差调整后的 z 值，***、**、*分别代表在 1%、5%、10%水平上显著。

Power 变量的系数为 0.9603，同时在表 4-9 中 Power 的系数为 0.534，通过对比结果可知一般的 Probit 模型有些低估 CEO 综合权力对企业脱困概率的正向作用。由于模型式（4-12）中内生变量的数量等于工具变量的数量，所以不需要进行过度识别检验。然后进行弱工具识别检验，该步骤检验的是内生变量 Power 和工具变量 Mkt 的相关性，原假设为"H_0：内生变量 Power 和工具变量 Mkt 不相关"。LR test 和 Wald test 值分别为 18.53 和 22.63，p 值都在 1%水平上显著，因此拒绝原假设，该步骤检验的结论为本章检验的工具变量不是弱工具变量。

二、使用等权重求和法构建 CEO 综合权力

上文中从四个维度衡量了 CEO 权力，再使用主成分分析法构建了 CEO 综合权力 Power，而本部分将衡量 CEO 权力的四个维度数值进行等权重相加，得到衡量 CEO 综合权力的变量 PowerB（杨兴全等，2014；傅顾等，2014；谭庆美等，2015；胡明霞、干胜道，2015），再次代入模型进行回归，回归结果汇总如表 4-13 所示。从回归结果中可以看出，使用等权重求和法计算的 CEO 综合权力 PowerB 与上市公司是否化解财务困境的虚拟变量 Re、财务困境化解期限 Period 和经营活动产生现金流净额同比增长率（JYJ）的回归系数在 1% 水平上显著正相关，与营业利润同比增长率（GROP）的回归系数在 5% 水平上显著正相关，与扣除非经常性损益净利润同比增长率（DNNP）的回归系数在 10% 水平上显著正相关，所有模型的 Pseudo R^2 或调整 R^2 的数值都在 10% 以上，说明变更衡量 CEO 综合权力的方法后，所建立的模型具有较好的拟合效果。由稳健性检验的回归结果可知，经检验后的结论没有发生变化。

表 4-13 CEO 综合权力相关研究稳健性检验

变量	Y = Re	Y = Period	Y = DNNP	Y = GROP	Y = JYJ
PowerB	0.380***	0.403***	85.88*	720.4**	81.00***
	(4.528)	(4.208)	(1.874)	(2.270)	(3.024)
Control	控制	控制	控制	控制	控制
行业	控制	控制	控制	控制	控制
样本数量	255	255	255	255	255
Pseudo R^2/ Adjusted R^2	0.42	0.21	0.10	0.19	0.182

注：前两列回归系数下方括号内的数值是经稳健协方差修正后的 z 值，后三列回归系数下方括号内的数值是经异方差调整后的 t 值，***、**、* 分别代表在 1%、5%、10% 水平上显著。

三、异常 CEO 权力替代性指标检验

上文中使用残差法，令异常 CEO 薪酬的残差值作为衡量异常 CEO 权力的变量 ABP，同时有部分文献使用非货币性薪酬作为衡量高管异常权力的指标（傅颀、汪祥耀，2013）。拥有异常权力的高管人员能够使用获得非货币薪酬的方式进行在职消费等方式来获取私利，于是本部分使用间接法将上市公司财务报表中披露的管理费用扣除与高管在职消费不相关项目后的余额再取自然对数作为衡量指标 ECUM（白重恩等，2005；权小锋等，2010），被扣除的项目包括董事会成员和监事会成员等高级管理人员的薪酬总和、应收账款坏账准备、存货跌价准备和无形资产摊销。将新构建的衡量异常 CEO 权力的变量 ECUM 代入相关模型进行回归，回归结果显示（见表 4-14）异常 CEO 权力 ECUM 与上市公司是否化解

财务困境的虚拟变量 Re、财务困境化解期限 Period、营业利润同比增长率（GROP）和经营活动产生现金流净额同比增长率（JYJ）的回归系数在 1% 水平上显著负相关，与扣除非经常性损益净利润同比增长率（DNNP）的回归系数不显著，由汇总的稳健性检验回归结果可知，前文得出的结论没有变化。

表 4-14　异常 CEO 权力相关研究稳健性检验

变量	Y = Re	Y = Period	Y = DNNP	Y = GROP	Y = JYJ
ECUM	-1.213^{***}	-1.393^{***}	-153.6	-5117^{***}	-320.0^{***}
	(-4.109)	(-3.672)	(-0.836)	(-4.191)	(-3.004)
Control	控制	控制	控制	控制	控制
行业	控制	控制	控制	控制	控制
样本数量	255	255	255	255	255
Pseudo R^2 / Adjusted R^2	0.25	0.18	0.08	0.25	0.18

注：前两列回归系数下方括号内的数值是经稳健协方差修正后的 z 值，后三列回归系数下方括号内的数值是经异方差调整后的 t 值，***、**、* 分别代表在 1%、5%、10% 水平上显著。

第五章　中介效应：CEO 权力、全要素生产率与财务困境化解

　　企业全要素生产率的提高有助于将企业效益的增长方式从资本投入型转向集约型，全要素生产率的来源有科学技术进步、生产效率提升、管理制度创新和社会体制优化等，同时 CEO 综合权力的来源有专家权力和声望权力等，这些维度的权力有助于为企业带来技术发展的动力和行业前沿技术创新。企业效益的增长方式由要素投入型转向技术集约型，从而能够保证其长期稳定的发展，效益增长方式的转变本质上是技术进步和管理创新等对效益增长份额的增加（Cressy and Farag，2012）。

　　传统的索洛模型提出的前提假设是经济社会中只有劳动力和资本两种生产要素（Solow，1956），并且两种生产要素在生产过程中能够相互替代，并且还具有随着投入要素数量的增加而边际产量下滑的规律。另外，模型假设劳动力增长率、科学技术进步率和社会储蓄率是外生的常数项，于是只有资本要素投入额是可以改变的，模型的研究关注点是经济活动中人均资本存量是否能够形成一个均衡状态，进而使经济的增长路径保持稳态。最后，索洛模型得出的结论是当经济社会中达到均衡状态时，劳动力增长率加科学技术进步率等于经济活动总产出的增长率。于是当科学技术进步率为零时，新增加的人口将全部消耗掉经济活动中新增加的产量，当资本投入总量维持在一定水平时，经济总量的增长也将停止。然而内生增长理论认为社会储蓄比率和科学技术进步并不是独立于整个经济活动之外，而是能够内生地促进总产出的增加。经济社会中存在知识生产部门，针对知识生产部门的投资增加会提高该部门专业科学知识的产出，新产生的科学知识

又会被使用到物质生产部门中去，从而产生提高生产效率的良性促进效果，由此完成了科学技术内生化的过程（Homar and Van，2016）。技术进步有广义和狭义之分，狭义的技术进步通常指的是在企业的产品设计、生产制造、信息传导处理和流通等产生的技术性改造，广义的技术进步除此以外还涵盖了决策水平、管理方式、社会体制和资源配置方式等方面的优化升级。另外内生增长理论拓展了资本要素的概念，加入了人力资本要素的研究。

高管权力对企业经营管理效率的积极贡献理论上包含在全要素生产率的提高中，具有积极因素的 CEO 综合权力能够提高组织经营决策效率、优化组织结构、保证经营决策的正确性和充分利用内外部资源等。例如科学知识要素在经济活动中是一种独立的生产要素，并且其自身具有正外部性，当一家公司中知识资本的增加将会导致自身的总产出增加，而且科学知识具有非竞争性的特点，即一家公司使用先进的科学技术不影响其他公司对技术的使用，所以科学技术的进步将会范围性地带动社会总产出的增加。并且，专业科学知识几乎没有边际使用成本，所以进一步得出的结论是经济社会中应该鼓励对知识生产部门的针对性投资。

第一节　理论分析与研究假设

一、CEO 综合权力与企业全要素生产率

关于全要素生产率的研究起源于经济学中生产函数的拟合。在经济学研究中发现，经济组织在生产过程中的总投入不能完全解释总产出的情况，由此产生了生产函数经济学公式的"剩余"现象。全要素生产率这一指标就成了衡量除经济组织投入的生产要素以外因素的生产效率，生产要素以外的因素包括科学技术的进步情况、组织结构优化和管理创新等。Solow（1957）提出的经济增长理论中提出了关于全要素生产率含义的描述，因此全要素生产率也称为 Solow 剩余。当全要素生产率发生变动时，则代表着生产函数整体的平移；当生产过程中投入要素（如劳动力、资本金和自然资源等）发生变化时，总产出的变动是沿着生

产函数曲线移动。根据新古典经济增长理论将技术进步的结果体现为全要素生产率，并且技术进步是经济体系的一个外生变量，即全要素生产率的变动独立于生产函数公式中的其他要素。进一步来说，全要素生产率包含了生产函数中可知的经济增长源泉以外的全部未知因素的贡献水平，不仅包含科学技术进步、生产效率提升、管理制度创新和社会体制优化等，还包括其他的未知复杂原因，比如由于数据收集计量等产生的误差、模型设定不恰当、生产函数模型遗漏解释变量、宏观及行业周期波动因素等。另外，也有观点认为，如果生产函数中投入要素能够正确计量的话，全要素生产率将不复存在，但是这种分析结果只是在理想化情况下会出现，现实情况中难以出现（Hill et al.，2016）。

目前学术界应用最为广泛的生产函数公式为 Cobb-Douglas 生产函数，另外有少量微观经济学研究文献使用的是 Trans-log 生产函数（又称为"超越对数函数"）。超越对数函数在推导之初能够减少关于常替代性函数（Constant Elasticity of Substitution）的相关假设，于是减少了由于错误设定函数形式而产生的估计误差。但是 Trans-log 生产函数在数据量化过程中增加复杂性的同时并不能显著提供更多的经济学信息，而 Cobb-Douglas 生产函数形式较为简洁，并且能够提供相对足够的信息，所以该种形式的生产函数使用范围更为广泛。

CEO 制度本质是公司治理制度的创新，有助于提高公司经营效率，而企业全要素生产率的来源有科学技术进步、生产效率提升、管理制度创新和社会体制优化等。CEO 综合权力是来自公司内部组织结构、所有权、声望和专家能力等方面权力的汇集，根据 CEO 综合权力的来源可以看出这些方面都具有积极的因素。专家权力的来源是高管通过利用自身专业技能、工作经验和职业判断等，这些专业能力能够帮助公司在战略制定和生产经营的过程中取得积极的效果。所有者权力会赋予高管人员企业主人的归属感和使命感，将自身的利益与企业的利益紧密联系起来。高管人员的所有者权力会使得自身行为目标与企业财务管理目标趋向一致，即实现股东财富最大化，从而削减了代理问题所产生的部分成本损失。当CEO 人员能够利用自身声望、信誉、行业影响力和外部组织能力为企业带来融资渠道、投资机会或者优惠政策等，从而获得相应的管理权力。引起企业短期融资需求的因素有很多，如应收账款坏账率异常大幅升高、经济体系中流动性减少或者自然灾害引起的损失等，高管人员声望所带来的政治关联会丰富企业的投融资途径。所以 CEO 综合权力有助于提高企业内部的管理水平、制度创新程度和流程优化效率等，也就是说有助于提高企业的全要素生产率。综上分析，提出如下假设。

假设 5.1：对于处于财务困境的上市公司，CEO 综合权力有助于提高企业全要素生产率。

二、异常 CEO 权力与企业全要素生产率

异常 CEO 权力指的是 CEO 人员拥有超过正常管理权限以外的权力，异常 CEO 权力的经济后果通常是由于 CEO 通过滥用异常权力影响公司薪酬制定、经营活动进程和财务流程等来为自身谋求私利。对于企业整体来说，异常 CEO 权力直接表现出的负面经济后果是使业务绩效更差，并且同时影响企业市场竞争力和创始人的管理权需求。由于企业在孵化期阶段整体资产规模较小，业务线相对简单，所以高效快速的管理层决策反应有利于产品快速进入市场，并且及时作出优化调整。在这个初级阶段，决策者的绝对权力将具有一些积极的意义。但随着企业整体规模的发展，内部组织结构日趋复杂，产品线越来越大，影响公司经营状况的因素越来越多，决策者处理经营事务的专业能力、精力和体力都是有限的，此时一位决策者的失误将成为整个公司的失误。在少数情况下拥有异常 CEO 权力的高级管理人员能够抑制自身对于权力的欲望，同时在进行经营决策时能够衡量自身与企业之间的长远利益，否则企业整体的战略发展方向将由决策者个人意志进行驱动。异常 CEO 权力另一种形式的负面影响是管理层人员具有侵占公司资产的动机和机会，管理层有多种隐蔽方式去侵占公司资产。

异常 CEO 权力能够影响企业内部的资产管理制度，企业资产管理包括生产性技术开发管理、产品营销、会计与财务管理、外部经济技术合作、信息技术管理、工程质量管理等几个领域。资产开发相关的管理制度有资产权益的取得与维护制度、资产外部使用许可、转让与合作制度和资产融资管理制度等。另外还有资产评价、审核与资产投资管理制度等。这些制度设计之初考虑的原则是企业资产自身经营与发展的客观规律，包括企业资产规模的变动、组织结构日趋复杂、产品的更新迭代与行业科学技术发展等，同时也需要考虑到企业内部资产之间的联系和管理的特定需求。公司内部根据国内会计准则关于资产的确认与计量等要

求，设置相应的部门或职员，并结合公司本身形成的企业文化传统、技术积累和管理经验培育和开发自有资产。为了确保企业自身资产的完整性与可识别性，财务管理部门需要与各个专业机构共同合作管理和评估资产收益率，对于经济价值相对较高的公司资产采取集中管理与分类管理相结合的方式，通过多种渠道进行外部宣传，争取得到潜在客户的了解、共鸣与支持。企业在培育和使用资产时要构建资产创新制度，对于经营性企业来说只有不断革新才能提高市场竞争力。企业需要在重视基于以关键技术创新和应用为主要功能的部门建设的基础上，利用新的知识、技术原理和材料优化与开发新产品。另外，企业通常应建立科学恰当的薪酬激励机制，为从事企业特有资产培育、开发和管理的人员提供显性与隐形的薪酬激励等，由此来减少管理层人员谋求其他非法手段来为自身获利的动机。

异常 CEO 权力会对公司内部经营流程、制度创新、经营效率产生负面影响，而全要素生产率的重要来源就包括组织制度的创新和经营效率的提高，所以通过理论分析可以推断出异常 CEO 权力将会对企业全要素生产率产生负面影响。综上分析，提出如下假设。

假设 5.2：对于处于财务困境的上市公司，异常 CEO 权力与企业全要素生产率成反比。

三、企业全要素生产率与财务困境化解

处于财务困境的企业在偿债能力、运营能力和成长能力等方面都普遍较弱。企业的财务状况按照发生困境的程度可以分为财务状况良好、轻度财务困境和重度财务困境，良好的财务状况是企业理想的状态，在企业发生轻度财务困境时有足够的时间和机会去消除引发财务困境的事项，这个阶段也是财务困境预警指标体系建立的核心目的，而不仅仅是对公司状况的发展进行简单预测；当企业发生严重的财务困境时，也就预示着企业的经营状态已经处于不可逆转的恶化趋势中，只能采取申请破产保护或者被兼并重组。

企业创造现金流的能力与企业各个生命周期的财务困境息息相关。使用间接法计算出的经营活动产生的现金流量以企业获取的净利润为基础进行调整，调整的依据是计算净利润时用到的但并不含有现金流收支的项目，这些没有涉及现金流变动的项目是应计项目（Accrual）。应计项目包含两种，分别是收入应计项目

和费用应计项目。在企业的销售活动完成后，部分收入得以确认，但是当现金流入并没有同步实现时企业的应计项目就会增加；反之，若企业发生了现金流入，但没有伴随着销售活动价值创造的情况出现时，与收入相关的应计项目就需要减少。常见的应计项目是应收账款，在赊销活动中满足某些条件时可以确认收入进而也能确认净利润，所以赊销活动也是企业创造销售价值的常见行为之一。但是既然和企业价值变动相关的行为活动，为了在股票市场进行市值管理的企业就有了操纵应计项目的道德风险。企业的预收款项不能确认为收入，但是可以引起企业经营现金流的净流入，当企业完成发货或者其他必要的收入确认条件时再确认为收入。企业预收账款的数值往往代表着企业产品受欢迎的程度，企业的产品越受欢迎其应收款项的数量往往会高于同行企业。

使用贴现现金流模型对于企业价值进行评估时需要一些适用情景，模型的分子部分企业自由现金流量并不能完全衡量其所创造的价值。当企业通过经营活动获取现金流流入时，管理层谋求扩大生产规模的投资决策会产生投资现金流的流出，因此也会是自由现金流减少，若投资现金流支出大于经营活动和筹资活动的现金流流入，此时自有现金流变成负数，那由此计算的企业价值就会变成负值，这显然是不符合常理的。这种观点的缺陷在于自有现金流计算的"短视"行为，在前面的分析中把投资行为在短期中当作坏事，但是不能忽略投资项目的净现值。投资项目在建设初期现金流普遍呈现流出状态，但是后续投资项目创造现金流的形式却是通过经营活动现金流体现，而且通常对于成长性的企业或者投资数额较大的项目来说，资金的回收周期反而越长。

企业全要素生产率的提高包含了行业技术进步、生产效率提升、管理制度创新和社会体制优化等给企业经营效率提高带来的贡献，这些积极效果能够帮助处于财务困境的企业从多方面改善经营成果。综上分析，提出以下假设。

假设5.3：处于财务困境的上市公司中，全要素生产率提高有助于企业化解财务困境。

根据前文的分析，CEO 综合权力和异常 CEO 权力都将会影响企业全要素生产率，而全要素生产率又能够帮助企业进行财务困境化解。理论上全要素生产率在 CEO 权力影响公司财务困境化解的过程中起到中介效应。由此，提出以下假设。

假设 5.4：处于财务困境的上市公司中，CEO 综合权力部分通过提高全要素生产率来帮助企业进行财务困境化解。

第二节　研究设计

一、样本选择与数据来源

本章研究 CEO 权力、企业全要素生产率和财务困境化解之间的关系，使用的数据截止到 2018 年年底，可以研究中国 A 股 2006—2015 年被实施特别处理的上市公司，剔除金融行业及数据缺失的上市公司后共得到 255 个样本公司。经统计，研究样本中平均化解财务困境的时间是 2.84 年，本章使用 3 年作为样本是否脱困观察期限，如果样本公司能够在 3 年内取消特别处理，本章就判定为公司摆脱了财务困境状态，如果样本公司没有能够在 3 年内取消特别处理，则定义为公司没有摆脱了财务困境状态。

本章使用的数据主要来自国泰安（CSMAR）数据库和万德（Wind）数据库，具体涉及管理层人员数据库和上市公司财务数据库。另外对于 CEO 人员的学历、晋升来源、从业经历和社会职务兼任情况等信息，同时使用巨潮资讯网、和讯网、东方财富网和百度搜索等互联网信息平台进行信息的搜集和核实。为了减少样本数据异常值对研究结果的影响，使用 winsorize 方法对连续型变量数据进行前后 1% 缩尾处理，本章数据处理的软件是 Stata 14.0。

二、变量定义

1. 被解释变量

（1）是否化解财务困境的虚拟变量（Re）。

变量 Re 的定义同第 4 章，以 3 年的时长作为样本是否脱困观察期限，如果样本公司能够在 3 年内取消特别处理（ST），本章就判定为公司摆脱了财务困境状态，此时样本的 Re 值就为 1，否则样本 Re 值为 0。

（2）离散型序列变量财务困境化解期限（Period）。

将研究样本化解财务困境的时间期限进行序列分类，按照时间的长短共分为四类（辛清泉等，2013；戴志勇，2014）。当样本上市公司在被实施特殊处理后1年内就恢复正常（或者称为"摘帽"），则该样本的 Period 值则为3；若样本上市公司在被实施特殊处理后2年内恢复正常，则该样本的 Period 值则为2；若样本上市公司在被实施特殊处理后3年内恢复正常，则该样本的 Period 值则为1；若样本上市公司在被实施特殊处理后3年内没有恢复正常，则该样本的 Period 值则为0。

（3）上市公司成长能力指标（Grow）。

衡量样本公司成长能力的指标选取样本被实施特别处理后一年的扣除非经常性损益净利润同比增长率（DNNP）和营业利润同比增长率（GROP）和经营活动产生现金流净额同比增长率（JYJ）三个指标衡。具体计算公式同第四章"变量定义"部分。

2. 解释变量

（1）企业全要素生产率。

鲁晓东和连玉君（2012）使用最小二乘法对全要素生产率进行了估计，根据全要素生产率的理论定义，可以将其数值用以下公式表示：

$$TFP_{it} = \ln Y_{it} - \beta_k \ln K_{it} - \beta_l \ln L_{it} \tag{5-1}$$

公式（5-1）的左边为全要素生产率的绝对水平值，右边 Y_{it} 为样本公司 i 在第 t 年的工业增加值，公式中使用工业增加值作为被解释变量能够排除企业在生产过程中间投入的影响因素。lnK 表示样本公司固定资产取自然对数，lnL 表示公司的员工数量取自然对数。

基于 Olley 和 Pakes（1996）、Loecker（2007）的理论基础，借鉴鲁晓东和连玉君（2012）构建的 OP 法估算全要素生产率模型：

$$\ln Y_{it} = \beta_0 + \beta_k \ln K_{it} + \beta_l \ln L_{it} + \beta_1 age_{it} + \beta_2 state_{it} + \beta_3 EX_{it} +$$
$$\sum_m \beta_m year_m + \sum_n \beta_n reg_n + \sum_k \beta_k indus_{it} + \varepsilon_{it} \tag{5-2}$$

其中，age 表示公司的上市时间，state 是公司实际控制人性质的虚拟变量，当公司是国企性质时则取值为1，EX 为样本公司是否参与出口活动的虚拟变量，当公司具有出口活动时该变量取值为 1，变量 year、reg 和 indus 分别表示年份、公司住址和行业。

使用线性估计的方法来估算企业层面全要素生产率时会出现一些难以规避的计量问题，比如生产决策同时性偏差和样本选择性偏差，其中消除难度更大的问题是同时性偏差问题（Simultaneity bias）。Olley 和 Pakes 在 1996 年设计出一种基于一致半参数的企业层面全要素生产率估算方法，简称 OP 法。在企业的实际生产过程中，生产计划的决策者能够在一定程度上测算出当期生产活动的效率，为了达到生产活动经济效益最大化的目标，生产活动决策者会根据实时测算出的数据和信息对当期的生产活动进行动态调整，包括改变生产要素的投入比例和生产流程等。此时线性回归模型的残差项和公式中的解释变量具有了相关性，由此估算出的回归结果就会具有偏误。OP 估算法假设企业依据当期整体的生产效率情况做出投资决策，将企业中不可测的生产率替代变量选为当期投资，由此来化解全要素生产率估算过程中遇到的同时性偏差问题。OP 法构建以企业当期投资额和资本存量作为解释变量的投资函数，将此投资函数代入生产函数，第一步估算生产经营过程中投入的劳动生产要素的无偏估计量，第二步再使用非线性最小二乘法企业投入的资本生产要素的估计量，最后将计算出的劳动和资本要素投入代入生产函数公式，计算出的残差项的绝对值即为企业层面的全要素生产率。但是 OP 法在使用过程中也有限制因素，即有一个假设前提要求作为代理变量的企业当期投资额需要与企业总产出具有单调关系，所以当样本公司的当期投资额数据缺失时，就无法进行全要素生产率的估计。

根据 Levinsohn 和 Petrin（2003）提出的 LP 估算法，使用企业在生产过程中的中间投入代替当期投资额[①]，本章代理变量使用的是上市公司购买商品、接受劳务实际支付的现金取自然对数。本章在使用 LP 法进行全要素生产率估算过程中，因变量选取为上市公司营业收入的自然对数值，状态变量是样本公司固定资产的自然对数和公司成立时间，自由变量是样本公司购买商品、劳务支付的现金和员工人数的两个自然对数。状态变量是公司性质的虚拟变量，当样本公司是国

---

① 在 Stata 软件中进行 LP 估算法运算时，使用命令 levpet 能够大大提高计算该指标变量的工作效率（鲁晓东、连玉君，2012）。使用 OP 法计算 TFP 时，使用的命令是 opreg。

有性质时取值为 1，否则取值为 0。样本上市公司是否退出原有市场的虚拟变量判断标准是公司简称和行业分类同时发生变化，如果同时发生变化则取值为 1，否则取值为 0。

本章使用 LP 法和 OP 法对样本公司的全要素生产率进行测算，先将 LP 法测算的全要素生产率代入模型中进行假设检验，得出结果后再使用 OP 法进行稳健性检验（郑宝红、张兆国，2018；盛明泉等，2018）。

（2）CEO 权力。

CEO 权力相关的解释变量共有六个，分别是 CEO 综合权力（Power）、异常 CEO 权力（ABP）、结构性权力（STR）、所有者权力（OWN）、声望权力（REPU）和专家权力（EXP），具体量化方法同第四章"变量定义"部分。

（3）控制变量。

本章使用到的控制变量有总资产周转率（TAT）、应收账款周转率（TAR）、资产负债率（LB）、流动比率（LR）、净资产收益率（ROE）、基本每股收益同比增长率（EPS）、实际控制人性质（CNT）、广义货币增长率（MT）、总资产（SIZE）、董事会人数（BOA）和 CEO 是否发生变更（CHA）。具体量化方法同第四章第二节"变量定义"部分内容。

表 5-1 对上述变量进行汇总。

表 5-1　变量汇总表

变量名称	变量符号	变量定义
财务困境恢复	Re	如果样本公司在被 ST 后 3 年内取消实施特别处理的措施，则取值为 1；否则取值为 0
	Period	样本在被 ST 后摆脱实施特别处理措施所需要的时间构成的离散型序列变量，具体衡量方法见第四章第二节中"变量定义"部分内容
成长能力	DNNP	扣除非经常性损益净利润同比增长率（DNNP）＝第 t+1 年扣除非经常性损益净利润变动量/第 t 年扣除非经常性损益净利润。第 t 年指上市公司被 ST 当年，下同
	GROP	营业利润同比增长率（GROP）＝第 t+1 年营业利润变动量/营业利润
	JYJ	经营活动产生现金流净额同比增长率（JYJ）＝第 t+1 年经营活动产生现金流净额变动量/第 t 年经营活动产生现金流净额 t

续表

变量名称	变量符号	变量定义
全要素生产率	TFP_OP	基于 Olley 和 Pakes（1996）构建全要素生产率
	TFP_LP	基于 Levinsohn 和 Petrin（2003）构建全要素生产率方法
CEO 权力	Power	CEO 综合权力。从结构性权力、所有者权力、声望权力和专家权力四个维度进行构建，使用主成分分析法得到变量数值，具体衡量方法见第四章第二节"变量定义"部分内容
	ABP	异常 CEO 权力。使用残差法进行估计，使用残差的绝对值，具体衡量方法见第四章第二节"变量定义"部分内容
	STR	结构性权力。当样本公司被实施特别处理当年 CEO 兼任董事长时，Dual 变量取值为 1，否则为 0。当样本公司 CEO 兼任内部董事时，Sal 变量取值为 1，否则为 0。结构性权力变量值由上述两个变量求和得到
	OWN	所有者权力。如果样本公司中有管理层持股的现象，则 Rte 取值为 1，否则取值为 0。如果前十大股东持股比例小于样本行业平均值，则 Top 取值为 1，否则取值为 0。于是，上述两个指标的和构成所有者权力指标
	REPU	声望权力。当样本公司 CEO 具有研究生及以上学历时 Edu 取值为 1，否则取值为 0（谭庆美、魏东一，2014）。当样本公司 CEO 在公司外部有兼职时 Par 取值为 1，否则取值为 0，将上述两个指标数值进行相加即得到声望权力的变量值
	EXP	专家权力。当 CEO 的任职期限超过行业均值，则 Tenu 取值为 1，否则取值为 0；当样本公司 CEO 是由内部晋升则 Ins 取值为 1，否则取值为 0。专家权力由 CEO 任职期限和 CEO 是否由内部晋升两个指标构成
控制变量	TAT	总资产周转率＝营业收入/平均总资产
	TAR	应收账款周转率＝营业收入/平均应收账款
	LB	资产负债率＝总负债/总资产
	LR	流动比率＝流动资产/流动负债
	ROE	净资产收益率＝净利润/平均所有者权益
	EPS	基本每股收益同比增长率＝第 t 年基本每股收益的变动量/第 t-1 年基本每股收益
	CNT	如果样本公司的所有权性质为国有企业时，虚拟变量所有权性质 CNT 取值为 1，否则取值为 0
	MT	广义货币 M2 增长率
	SIZE	样本公司总资产的对数
	BOA	董事会成员的数量
	CHA	样本观测期 CEO 发生变更则取值为 1，否则为 0

三、模型构建

本章研究 CEO 权力、企业全要素生产率与财务困境化解之间的关系，根据理论分析提出企业全要素生产率在管理层权力对企业财务困境化解的影响过程中起到中介效应。逐步中介效应检验法由 Baron 和 Kenny（1986）提出，假设在一个简化的中介效应模型下被解释变量是 y，解释变量是 x，想要验证的中介变量是 h。检验的步骤为：①令 y 作为被解释变量，x 作为解释变量。此时的回归方程是 $y = ax + e_1$，e_1 是随机误差项。当 x 的系数 a 在统计上是显著时，这表明其中可能存在未知的中介效应，然后进行第二步检验，若系数 a 不显著则可以停止。②建立另外两个回归模型，一个模型被解释变量是 h，解释变量是 x，即 $h = bx + e_2$。另一个模型被解释变量是 y，解释变量是 h，即 $y = ch + a_2x + e_3$。先检验系数 b，若 b 不显著则说明中介效应不存在，若 b 显著则再检验 c。若 c 又是显著则最终说明中介效应存在，中介效应检验步骤如图 5-1 所示：

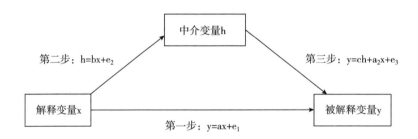

图 5-1 中介效应检验步骤

中介效应又将细分为完全中介效应和部分中介效应，完全中介效应指的是在回归模型 $y = ax + bh + e_3$ 中，a 不显著而 b 显著，即解释变量 x 对 y 的影响完全通过中介变量 h 来产生。部分中介效应指的是系数 a 和 b 都显著，说明解释变量不仅通过中介变量影响被解释变量，本身也会直接影响被解释变量。目前的研究文献中难以发现均有完全中介变量的中介效应（温忠麟等，2014；Preacher and Hayes，2008）。

逐步检验法并不是完美的，中介效应是检验 b 和 c 的乘积项不显著为 0，当

b 和 c 有一个是统计不显著时仍然可能出现乘积项显著的情况，所以逐步检验法可能会无法检验出这种中介效应的情况。为了避免遗漏中介效应的发现，Sobel（1982）提出了系数乘积检验法，这种方法可以检验解释变量和中介变量系数乘积项的显著性。Sobel 检验法的统计式为：

$$z = \frac{\hat{c} * \hat{b}}{s_{bc}}$$

其中，分母 $s_{bc} = \sqrt{\hat{c} * s_b^2 + \hat{b} * s_c^2}$，b 和 c 的估算值分别是 $\hat{b}$ 和 $\hat{c}$，s_c^2 和 s_b^2 分别是 c 和 b 估计值的方差。Sobel 检验的零假设是 b 和 c 的乘积为 0，如果统计结果显著则拒绝原假设，即 b 和 c 都不为 0。这种检验的前提是 b 和 c 的乘积满足正态分布，如果假设前提不满足这种检验的结果也会出现偏差。本章借鉴 Baron 和 Kenny（1986）、Schapery 和 Davidson（1990）、Lin 和 Lu（2009）、于富生等（2008）、张友棠和黄阳（2011）、张继德和郑丽娜（2012）建立了中介效应回归模型。

本章首先研究 CEO 权力和企业全要素生产率之间的关系，按照理论基础和量化方法的不同将管理权力进行细分，构建出 CEO 综合权力（Power）、异常 CEO 权力（ABP）、结构性权力（STR）、所有者权力（OWN）、声望权力（REPU）和专家权力（EXP）。基于理论分析提出假设 5.1，即公司 CEO 综合权力有助于提高全要素生产率。相应地，提出假设 5.2，即公司中异常 CEO 权力会抑制全要素生产率增加。为了检验假设 5.1 和假设 5.2，建立回归模型式（5-3）和式（5-4）。进一步地，将不同维度的管理权力替换 CEO 综合权力作为解释变量代入模型进行回归分析。

$$TFP\_LP = \alpha_0 + \beta_1 Power + \beta_2 TAT + \beta_3 TAR + \beta_4 LB + \beta_5 LR + \beta_6 ROA +$$
$$\beta_7 EPS + \beta_8 CNT + \beta_9 MT + \beta_{10} SIZE + \beta_{11} BOA + \beta_{12} CHA \tag{5-3}$$

$$TFP\_LP = \alpha_0 + \beta_1 ABP + \beta_2 TAT + \beta_3 TAR + \beta_4 LB + \beta_5 LR + \beta_6 ROA +$$
$$\beta_7 EPS + \beta_8 CNT + \beta_9 MT + \beta_{10} SIZE + \beta_{11} BOA + \beta_{12} CHA \tag{5-4}$$

通过关于企业全要素生产率与财务困境化解之间的理论分析，提出的假设 5.3 全要素生产率提高有助于企业进行财务困境化解，据此构建了系列方程式（5-5）至式（5-7），模型的被解释变量从不同维度上反映财务困境化解的情况。

$$Probit(Re) = \alpha_0 + \beta_1 TFP\_LP + \beta_2 TAT + \beta_3 TAR + \beta_4 LB + \beta_5 CHA + \beta_6 LR + \beta_7 ROE +$$
$$\beta_8 EPS + \beta_9 CNT + \beta_{10} MT + \beta_{11} SIZE + \beta_{12} BOA \tag{5-5}$$

$$\text{Ologit(Period)} = \alpha_0 + \beta_1 TFP\_LP + \beta_2 TAT + \beta_3 TAR + \beta_4 LB + \beta_5 CHA + \beta_6 LR + \beta_7 ROE +$$
$$\beta_8 EPS + \beta_9 CNT + \beta_{10} MT + \beta_{11} SIZE + \beta_{12} BOA \tag{5-6}$$

$$\text{Earn} = \alpha_0 + \beta_1 TFP\_LP + \beta_2 TAT + \beta_3 TAR + \beta_4 LB + \beta_5 CHA + \beta_6 LR + \beta_7 ROA + \beta_8 EPS +$$
$$\beta_9 CNT + \beta_{10} MT + \beta_{11} SIZE + \beta_{12} BOA \tag{5-7}$$

根据前文的分析，CEO 综合权力和异常 CEO 权力都将会影响企业全要素生产率，而全要素生产率又能够帮助企业进行财务困境化解。理论上全要素生产率在管理层权力影响公司财务困境化解的过程中能够起到中介效应。由此，上文提出 CEO 综合权力通过提高全要素生产率来帮助企业进行财务困境化解的假设，将企业全要素生产率作为中介变量和解释变量 CEO 综合权力同时代入模型，构建方程式（5-8）至式（5-10）。

$$\text{Probit(Re)} = \alpha_0 + \beta_1 TFP\_LP + \beta_2 Power + \beta_3 TAT + \beta_4 TAR + \beta_5 LB + \beta_6 CHA + \beta_7 LR +$$
$$\beta_8 ROE + \beta_9 EPS + \beta_{10} CNT + \beta_{11} MT + \beta_{12} SIZE + \beta_{13} BOA \tag{5-8}$$

$$\text{Ologit(Period)} = \alpha_0 + \beta_1 TFP\_LP + \beta_2 Power + \beta_3 TAT + \beta_4 TAR + \beta_5 LB + \beta_6 CHA + \beta_7 LR$$
$$+ \beta_8 ROE + \beta_9 EPS + \beta_{10} CNT + \beta_{11} MT + \beta_{12} SIZE + \beta_{13} BOA \tag{5-9}$$

$$\text{Earn} = \alpha_0 + \beta_1 TFP\_LP + \beta_2 Power + \beta_3 TAT + \beta_4 TAR + \beta_5 LB + \beta_6 CHA + \beta_7 LR + \beta_8 ROE +$$
$$\beta_9 EPS + \beta_{10} CNT + \beta_{11} MT + \beta_{12} SIZE + \beta_{13} BOA \tag{5-10}$$

第三节　描述性统计

根据全要素生产率变量的描述性统计表（见表 5-2），可以看出根据 OP 法和 LP 法计算得出的全要素生产率具体数值是有一些差异的。OP 法计算出的全要素生产率数值的平均值普遍大于使用 LP 法计算出的数值，而 LP 法计算出来的结果标准差要大于 OP 法。全要素生产率数值较低的年份是 2008 年和 2013 年，全要素生产率较大的年份是 2007 年和 2009 年，中国经济在改革开放以后，国民生产总值出现了连续 40 年的增长，我国也从落后的发展中国家变成工业体系最完备的国家之一。但是经济的高速发展也需要看到负面的影响，比如环境污染和高端制造的缺陷等。西方主流经济学理论主要强调边际递减和均衡等概念，这些理论无法很好地解释当代中国经济发展的进程，所以需要针对东亚经济发展，甚至中国经济特有的经济学理论对发展现象进行解释。目前，理论归纳较早并且接受范围较为广泛的理论是经济学家赤松要提出的"雁型模式"经济理论。"雁型模式"理论的主要观点是一个国家或地区的生产要素资源（比如劳动力资源、自然资源和科学技术等）的比较优势会出现动态变化，先发展的国家中某一产业会经历从繁荣到衰落，然后该产业会转移到相对落后的国家，因为此时相对落后的国家中该产业的生产要素会出现新的相对优势，相对发达与落后的国家都能够通过这种产业结构调整和转移来推动本地区的产业升级进程。在此基础上产业升级理论有所延伸，有观点认为产业升级是产业结构的升级，还有观点认为产业升级是国家经济中主要产业的转变过程。波特提出产业升级是一个国家或地区的科学技术和资本等资源的禀赋优于自然资源和劳动力资源时，要素比较优势会促使科学技术和资本产业发展进步。朱卫平和陈林（2011）提出在产业发展的过程中，低端生产要素的使用成本会由于需求的增加和供给的下降而加大，高端生产要素相对于低端生产要素逐渐具备了相对比较优势，生产要素禀赋比较优势的转化使得经济中新型主导产业不断出现，倒逼旧的主导产业通过优化升级生产工艺、组织结构和提高产品质量来提升竞争力，这种循环上升的产业进化过程就是产业升级的过程。

表5-2 全要素生产率描述性统计

年份	变量	样本数量	均值	标准差	最小值	最大值
2007	TFP_OP	53	14.908	3.232	26.06	8.21
	TFP_LP	53	13.587	3.997	25.16	8.12
2008	TFP_OP	20	12.328	3.804	24.83	7.72
	TFP_LP	20	11.992	4.136	23.85	6.58
2009	TFP_OP	23	16.690	3.275	26.51	10.1
	TFP_LP	23	15.414	4.668	25.41	9.27
2010	TFP_OP	37	15.356	3.492	27.85	8.38
	TFP_LP	37	13.931	4.208	26.77	8.44
2011	TFP_OP	12	16.583	3.447	25.4	10.98
	TFP_LP	12	15.455	4.675	24.17	9.84

续表

年份	变量	样本数量	均值	标准差	最小值	最大值
2012	TFP_OP	24	15.402	5.190	24.29	8.72
	TFP_LP	24	14.646	5.370	23.09	8.59
2013	TFP_OP	18	12.881	3.579	24.39	9.36
	TFP_LP	18	11.639	3.929	23.63	8.94
2014	TFP_OP	31	14.636	4.534	26.47	8.32
	TFP_LP	31	13.580	4.928	25.27	8.21
2015	TFP_OP	37	15.815	4.140	27.96	8.06
	TFP_LP	37	14.710	4.855	25.94	8.04

在中国"人口红利"逐渐消失的背景下，企业工资支出成本显著上涨的同时伴随着劳动力数量的相对减少，通过增加资本和劳动力要素投入的方式又会受到边际报酬递减规律的负面影响，所以企业盈利的增长应该转向全要素生产率提高推动的方式上。

第四节　单变量分析

将本章研究使用的样本按照被实施特别处理后的三年内是否撤销 ST 的标准分为两组，然后对样本变量分别进行 T 检验和 Mann-Whitney 检验。使用 OP 法计算的脱困样本组全要素生产率均值和中位数分别为 12.01 和 11.82，未脱困样本组的均值和中位数分别为 10.82 和 9.96，T 检验和 Mann-Whitney 检验都是在 1% 水平上显著。脱困样本组的全要素生产率在均值和中位数上都是大于未脱困样本组，相同的统计规律在 LP 法下计算出的数据中同样可以得到。脱困样本组中结构性权力（STR）均值为 0.667 大于未脱困样本组的均值 0.573，相同的规律存在于声望权力（REPU）和专家权力（EXP）中，而在所有者权力（OWN）中，未脱困样本组的均值要大于脱困样本组的均值（见表5-3）。

表 5-3　单变量分析结果汇总表

变量	脱困样本组		未脱困样本组		T 检验	Mann-Whitney 检验
	均值	中位数	均值	中位数		
TFP_OP	12.01	11.82	10.82	9.96	−5.511***	−6.304***
TFP_LP	9.67	10.39	8.54	8.99	−4.931***	−5.306***
STR	0.667	1	0.573	0	−0.094*	−1.174*
OWN	0.717	1	1.125	1	0.408***	4.222***
REPU	1.258	1	0.646	1	−0.612***	−6.243***
EXP	1.365	2	0.646	1	−0.719***	−6.960***
TAT	0.707	0.53	0.517	0.471	−0.191***	−1.690*
TAR	30.512	8.2	21.784	6.665	−8.728	−2.813***
LB	62.164	62.46	77.486	72.395	15.322***	3.288***
LR	1.37	1.03	0.789	0.6	−0.581***	−5.248***
ROE	13.895	5.52	3.978	3.29	−9.917***	−3.416***
EPS	136.675	114.29	107.763	108.155	−28.912*	−2.448***
CNT	0.532	1	0.615	1	0.082	1.271
MT	0.155	0.144	0.184	0.176	0.030***	6.059***
SIZE	2.976	2.92	2.533	2.584	−0.443	−2.587***
BOA	8.105	7	9.089	7	0.878**	2.687**
CHA	0.486	0	0.287	0	−0.468**	1.783*

注：***、**、* 分别代表在 1%、5%、10% 水平上显著。

第五节　相关性分析

表 5-4 报告了本章检验模型中变量之间的 Pearson 相关性系数汇总结果。与 OP 法全要素生产率 TFP_OP 显著正相关的解释变量有结构性权力、声望权力和专家权力，正相关的控制变量有总资产周转率、流动比率和净资产收益率，与变量 TFP_OP 呈显著负相关的变量有实际控制人性质，使用 LP 法计算的全要素生产率 TFP_LP 具有类似的相关性结果。两种方法计算的全要素生产率与虚拟变量 Re 呈现正相关，另外衡量脱困时间长短的离散型序列变量 Period、扣除非经常性损益净利润同比增长率和营业利润同比增长率也和全要素生产率 TFP 呈显著正相关，而经营活动产生现金流净额同比增长率与全要素生产率的相关性系数并不显著。

表 5-4 相关性检验结果汇总表

	Re	Period	DNNP	GROP	JYJ	TFP_OP	TFP_LP	STR	OWN	REPU	EXP	TAT	LB	LR	ROE	EPS	CNT	CHA
Re	1																	
Period	0.884***	1																
DNNP	0.091	0.130**	1															
GROP	0.112*	0.147**	0.864***	1														
JYJ	-0.057	-0.072	-0.002	-0.001	1													
TFP_OP	0.391***	0.348***	0.242***	0.192***	-0.04	1												
TFP_LP	0.411***	0.365***	0.251***	0.203***	-0.038	0.994***	1											
STR	0.069	0.076	0.083	0.085	0.01	0.135**	0.143**	1										
OWN	-0.268***	-0.373***	0.014	-0.001	0.012	-0.101	-0.123**	-0.001	1									
REPU	0.391***	0.333***	0.124**	0.101	-0.061	0.116*	0.124**	0.130**	0.027	1								
EXP	0.432***	0.395***	0.02	0.045	-0.066	0.198***	0.200***	0.109*	-0.072	0.220***	1							
TAT	0.184***	0.190***	0.220***	0.202***	-0.085	0.135**	0.136**	-0.05	-0.061	0.046	0	1						
LB	-0.222***	-0.264***	-0.057	-0.094	-0.001	-0.054	-0.055	0.04	0.118*	-0.052	-0.084	0.005	1					
LR	0.227***	0.231***	0.041	0.068	-0.058	0.127**	0.124**	0.127**	-0.137**	0.135**	0.103	-0.073	-0.514***	1				
ROE	0.184***	0.226***	0.073	0.074	-0.012	0.119*	0.117	0.089	-0.149**	0.093	0.097	0.131*	0.077	0.001	1			
EPS	0.120*	0.139**	-0.013	0.016	-0.025	-0.038	-0.041	-0.085	-0.061	0.047	-0.063	0.032	-0.230***	0.056	0.151**	1		
CNT	-0.081	-0.036	-0.105*	-0.088	-0.07	-0.150**	-0.147**	-0.196***	-0.06	-0.077	-0.003	0.069	0.116*	-0.134**	-0.089	0.01	1	
CHA	0.135*	0.098*	0.042	0.287	0.341**	0.018	0.019	0.027	0.009	0.080*	0.071**	0.087	0.247	-0.042	0.087	0.273*	-0.767*	1

注：***、**、*分别代表在1%、5%、10%水平上显著，检验方式为 Pearson 检验。

第六节 多元回归分析

一、CEO权力与全要素生产率

表5-5汇总了检验CEO权力与全要素生产率相关假设所建立模型的回归结果。将用LP法计算的全要素生产率作为被解释变量时，解释变量CEO综合权力Power的回归系数显著为正，当异常CEO权力作为解释变量时，该变量的系数显著为负。根据两个模型的回归结果可以证明假设5.1和假设5.2成立，即处于财务困境的上市公司中，CEO综合权力有助于提高公司全要素生产率，异常CEO权力抑制全要素生产率的提高。进一步地，将不同维度的CEO权力作为解释变量代入回归模型，计算相应的回归系数。由回归系数汇总结果可知，CEO结构性权力（STR）和专家权力（EXP）的回归系数显著为正，而所有者权力（OWN）作为解释变量时回归系数显著为负，声望权力（REPU）变量的回归系数并不显著。由回归结果可以得出相应结论，即结构性权力和专家权力有助于提高公司全要素生产率，而所有者权力抑制公司全要素生产率提高。

表5-5 CEO权力与全要素生产率研究回归结果汇总表

变量	TFP_LP					
Power	0.872*** (2.712)	—	—	—	—	—
ABP	—	-6.531*** (-2.775)	—	—	—	—
STR	—	—	1.794** (2.477)	—	—	—
OWN	—	—	—	-1.400** (-2.091)	—	—
REPU	—	—	—	—	1.854 (1.574)	—

变量	TFP_LP					
EXP	—	—	—	—	—	1.989***
						(3.162)
Control	控制	控制	控制	控制	控制	控制
行业	控制	控制	控制	控制	控制	控制
样本数量	255	255	255	255	255	255
Adjusted R^2	0.208	0.210	0.203	0.195	0.210	0.220

注：***、**、*分别代表在1%、5%、10%水平上显著。

在经济学研究中全要素生产率指标衡量的是除了经济组织投入的生产要素之外的其他因素对总产出的影响，这些其他因素包括科学技术的进步、组织结构优化和管理方式创新等。Solow（1957）的经济增长理论提出了对全要素生产率意义的具体描述，当全要素生产率发生变化时就代表了整个生产函数的移动，而仅当生产过程的输入因素（如劳动力、资本和所需消耗的自然资源等）发生变化时，总产出的变化规律是沿着生产函数曲线进行移动。根据新古典经济增长理论，技术进步的结果将体现为全要素生产率的提高，同时技术进步又是经济体系的外生变量，即全要素生产率的变化与生产函数中的其他构成要素无关。另外有相关研究认为全要素生产率包括除生产函数中已知的经济增长来源之外的所有未知因素的贡献水平，不仅包括科技的进步、管理体制创新和社会系统优化，还包括其他未知因素的复杂影响，例如由于数据收集和测量引起的错误，不正确的模型设置、生产函数模型中缺少解释变量、宏观和行业周期波动等。此外，还有观点认为，如果能够正确地测量生产函数中的输入因子时全要素生产率将不复存在，但这种分析的结果只会出现在理想化的情况中，实际上很难出现。

根据 Finkestein（1992）的研究构建一个从四个维度测量管理层权力的理论模型，管理综合权力的构成要素包括结构性权力、所有者权力、声望权力和专家权力。结构性权力的主要来源是企业内部等级结构的建立，科学有效的内部组织结构可为企业的高效率运作和良好经营效益提供制度基础。经过长期的演变企业的组织结构形成了现代公司治理体系，企业内部的整体治理框架是科学、合理和有效的。专家权力是指公司管理层利用其专业技能、工作经验和专业判断力来帮助公司应对生产经营过程中的不确定性所获得的权力。当管理人员拥有公司股份或其本身就是创始人家族成员时，他们将具有作为公司所有者的归属感和使命感，并且还根据所有权的性质来获得公司的剩余收益，但是公司的股权代表着决策权，如果管理层人员既具有决策权又具有执行权的话，在决策执行过程中为自身谋取私利的可能性越强。当CEO利用其个人声誉、行业影响力和外部组织能力为企业拓展融资渠道和投资机会时，同样能够优化公司的经营环境和创新的可能性，这些积极因素都有利于企业全要素生产率的提高。

二、全要素生产率与财务困境化解

表5-6汇总了处于财务困境上市公司中全要素生产率与财务困境化解之间的关系回归模型的数据结果。结果显示当模型中被解释变量是上市公司是否在三年内化解财务困境的虚拟变量（Re）时，解释变量全要素生产率TFP_LP的回归系数显著为正。同样地，当被解释变量为公司化解财务困境速度的序列离散型变量（Period）、扣除非经常性损益净利润同比增长率（DNNP）和营业利润同比增长率（GROP）时，解释变量全要素生产率TFP_OP的回归系数也是显著为正。但是当被解释变量为经营活动产生现金流净额同比增长率时，全要素生产率的回归系数不显著。从回归结果可以看出处于财务困境的上市公司中，全要素生产率的提高有助于增加公司化解财务困境的可能性，能够加快企业化解财务困境的速度，同时有助于通过提高扣除非经常性损益净利润同比增长率和营业利润同比增长率来增强公司的成长能力。

表5-6　全要素生产率与财务困境化解研究回归结果汇总表

变量	Re	Period	DNNP	GROP	JYJ
TFP_LP	0.114 ***	0.123 ***	80.99 ***	75.72 ***	−5.876
	(4.951)	(4.924)	(5.016)	(4.497)	(−0.961)
Control	控制	控制	控制	控制	控制
行业	控制	控制	控制	控制	控制
样本数量	255	255	255	255	255
Pseudo R^2/Adjusted R^2	0.44	0.22	0.201	0.130	0.140

注：*** 、** 、* 分别代表在1%、5%、10%水平上显著。

企业的财务状况按照发生困境的程度可以分为财务状况良好、轻度财务困境和重度财务困境。良好的财务状况是企业理想的状态，在企业发生轻度财务困境时有足够的时间和机会去消除引发财务困境的事项，这个阶段可以通过建立财务困境预警指标体系来进行实时监控，而不仅仅是对公司状况的发展进行简单预测。当企业发生严重的财务困境时，也就预示着企业的经营状态已经处于不可逆转的恶化趋势中，只能采取申请破产保护或者被兼并重组。全要素生产率的提高有一种来源是来自公司治理制度的创新，建立完善公司治理制度的目的不是表面的制衡约束，而是为公司的科学决策提供保证和途径，合理高效的公司经营决策是公司发展的核心要素。优秀的公司治理体系包括一整套治理结构制度，同时也需要一些超越制度结构的生态治理机制，也就是说除了企业"三会"以外，还需要外部产品市场、资本市场和职业经理人市场协同的外部治理机制，同时还包括外部法律监管、信息披露、会计规章制度、媒体舆论关注、供应商和关联企业等之间的互动体系。公司治理的主体不能仅仅局限于企业的所有者，还要包括各级管理人员、普通员工、客户、供应商和外部监管机构等利益相关者。国内制定相关的公司治理评价体系有着诸多益处，包括有利于加强和完善证券监管部门实施监管措施，有助于帮助投资者提升自身的科学决策水平，有助于完善上市公司管理层的科学决策机制，有助于使上市公司提高维护自身名誉的动力，有利于建立一个关于公司治理学术实证研究的公共平台等。

　　企业全要素生产率的提高包含了行业技术进步、生产效率提升、管理制度创新和社会体制优化等给企业经营效率提高带来的贡献，这些积极效果能够帮助处于财务困境的企业从多方面改善经营成果。

三、CEO 权力、全要素生产率与财务困境化解

　　建立检验中介效应的回归模型，将上市公司化解财务困境的各方面因素作为被解释变量，将全要素生产率作为中介变量，将 CEO 综合权力作为解释变量，模型的回归结果如表 5-7 所示。从回归结果可以看出，当被解释变量为样本三年内是否化解财务困境的虚拟变量 Re、化解财务困境速度的序列离散型变量（Period）、扣除非经常性损益净利润同比增长率（DNNP）和营业利润同比增长率（GROP）时，作为中介变量的全要素生产率 TFP_LP 的回归系数显著为正，同

时作为解释变量的 CEO 综合权力也是显著为正。将本章表 5-7 和第 4 章表 4-9 中 Power 的回归系数进行比较分析，该变量回归系数的符号都为正，且本章表 5-7 中系数的绝对值普遍小于表 4-9 中的系数。

表 5-7　检验中介效用回归结果汇总表

变量	Re	Period	DNNP	GROP	JYJ
TFP_LP	0.105 ***	0.113 ***	65.12 ***	39.93 **	12.10
	(4.421)	(4.457)	(6.570)	(2.317)	(1.878)
Power	0.497 ***	0.460 ***	37.95 *	715.8 *	74.26 **
	(3.875)	(3.826)	(1.770)	(1.865)	(2.319)
Control	控制	控制	控制	控制	控制
行业	控制	控制	控制	控制	控制
样本数量	255	255	255	255	255
Pseudo R^2/Adjusted R^2	0.52	0.25	0.275	0.184	0.189

注：*** 、** 、* 分别代表在 1%、5%、10%水平上显著。

按照证明变量中介效应的逻辑机理，首先在第四章第六节证明了解释变量 CEO 综合权力与财务困境化解之间的影响关系，然后在第五章第六节证明了解释变量与中介变量企业全要素生产率之间的影响关系，第五章第六节的回归模型中同时加入了解释变量和中介变量，结合这三节的研究，综合可以证明本章提出的假设 5.4，即处于财务困境的上市公司中，CEO 综合权力通过提高全要素生产率来帮助企业进行财务困境化解。

CEO 综合权力的构成要素包括结构性权力、所有者权力、声望权力和专家权力。结构性权力的主要来源是企业内部等级结构的建立，科学有效的内部组织结构可为企业的高效率运作和良好经营效益提供制度基础。经过长期的演变企业的组织结构形成了现代公司治理体系，企业内部的整体治理框架是科学、合理和有效的。专家权力是指公司管理层利用其专业技能、工作经验和专业判断力来帮助公司应对生产经营过程中的不确定性所获得的权力。当管理层利用其个人声誉、行业影响力和外部组织能力为企业拓展融资渠道和投资机会时，同样能够优化公司的经营环境和创新的可能性。

CEO 综合权力为提升企业全要素生产率做出贡献的途径主要包括以下几种。一是公司治理效率提升，科学有效的公司治理制度为管理层赋予相应的权力，这些权力在公司战略决策制定、传导和执行等过程中起到保证科学和高效的作用。二是提供专家创新能力，高管人员通过其具备的专家权力获得相应的管理权，复杂高深的科学知识是企业技术创新和产品升级的必要因素。三是高管人员获得前沿行业技术信息和国家产业政策支持的能力，高管人员利用自身的行业声望，能够及时汇总行业技术发展的前沿信息，并且通过分析国家具有针对性的产业政策支持及时调整投资及融资政策，使得企业的技术发展方向符合政府支持政策，从而增加获得技术和补助资金等多方面支持的可能性。全要素生产率提高后，企业用于生产经营的总产出效率将会提高，进而提高公司经营效益并节省经营成本。

第七节　稳健性检验

一、内生性检验

为了检验本章内生性的问题构建工具变量 Probit 模型，参照王文普（2012）、王文春和荣昭（2014）、王智波和李长洪（2015）等选择工具变量的方法，选取 LP 法全要素生产率滞后一期和滞后两期的数据作为其工具变量，变量符号分别为 TFP_LP_{t-1} 和 TFP_LP_{t-2}。构建模型式（5-11）和式（5-12）：

$$TFP\_LP = \delta + \beta_1 TFP\_LP_{t-1} + \beta_2 TFP\_LP_{t-2} + \cdots + \beta_n x_n + \varepsilon \qquad (5-11)$$

$$Re^* = \alpha + \beta_1 TFP\_LP + \cdots + \beta_n x_n + \varepsilon \qquad (5-12)$$

式（5-11）称为第一阶段方程，解释变量中不含有内生变量。在式（5-12）中含有内生变量 TFP_LP，Re^* 为不可观测的潜变量，Re 为能够观测的虚拟变量。当 Re^* 大于 0 时，则 Re 等于 1，其他情况时 Re 为 0。控制变量为基本每股收益同比增长率（EPS）、资产负债率（LB）、企业规模（SIZE）、广义货币 M2 增长率（MT）、董事会人数（BOA）和 CEO 是否变更（CHA）、所有权性质（CNT）、总资产周转率（TAT）、流动比率（LR）、总资产收益率（ROA）。

IV Probit 估计二阶段检验回归结果如表 5-8 所示。从第一阶段的回归结果可以看出，工具变量 TFP_LP_{t-1} 和 TFP_LP_{t-2} 与全要素生产率 TFP_LP 显著正相关，对其具有较强的解释力。第二阶段回归结果中，Wald 检验结果 p 值为 0.169，不能拒绝原假设，所以变量 TFP_LP 内生性不明显。表 5-8 中 TFP_LP 变量的系数为 0.097，同时在表 5-6 中该变量的系数为 0.114，通过对比结果可知一般的 Probit 模型会高估 TFP_LP 对企业脱困概率的正向作用。

表 5-8　IV Probit 估计二阶段回归结果

变量	第一阶段	第二阶段
	Y = TFP_LP	Y = Re
TFP_LP	—	0.097***
		(6.11)
TFP_LP_{t-1}	0.782***	—
	(2.68)	
TFP_LP_{t-2}	0.591**	—
	(2.32)	
TAT	2.447***	0.118**
	(2.86)	(2.29)
LB	−0.006	−0.001
	(−1.36)	(−0.81)
LR	0.822**	0.055**
	(1.98)	(2.24)
ROA	−0.059	0.003
	(−1.23)	(1.31)
EPS	−0.003	0.901**
	(−0.93)	(2.09)
CNT	−2.792***	−0.031
	(−3.08)	(−0.58)
MT	9.878	−3.054***
	(1.03)	(−5.3)
SIZE	0.971***	0.036*
	(2.69)	(1.68)

变量	第一阶段	第二阶段
	Y = TFP _ LP	Y = Re
BOA	−1.021	2.874
	(−1.342)	(1.525)
CHA	1.345**	0.872*
	(2.108)	(1.697)
样本数量	225	225
F 值	143.66	—
Adjusted R²	0.58	—
p-value	—	0.169

注：第一列回归系数下方括号内的数值是经稳健协方差修正后的 t 值，第二列回归系数下方括号内的数值是经异方差调整后的 z 值，***、**、*分别代表在 1%、5%、10%水平上显著。

由于模型式（5-12）中内生变量的数量小于工具变量的数量，所以需要进行过度识别检验。过度识别检验的原假设 H0 为所有工具变量都是外生的，使用的 stata 程序命令为"overid"。检验的 p 值结果为 0.318 大于 0.1，表明不能拒绝原假设，说明本章的工具变量是外生变量。进行弱工具识别检验，该步骤检验的是内生变量 TFP_LP 和工具变量 TFP_LP$_{t-1}$ 和 TFP_LP$_{t-2}$ 的相关性，原假设为"H0：内生变量 TFP_LP 和工具变量不相关"。LR test 和 Wald test 值分别为 26.23 和 30.21，p 值都在 1%水平上显著，因此拒绝原假设，说明本章检验的工具变量不是弱工具变量。

二、OP 法全要素生产率的替换

本部分对上文的实证结果进行稳健性检验，稳健性检验的方法是使用 OP 法计算的全要素生产率（鲁晓东、连玉君，2012）替换 LP 法计算的全要素生产率，具体回归结果如表 5-9 至表 5-11 所示，根据稳健性检验的结果汇总可知，与前文相关研究实证结果基本一致。OP 估算法与固定效应法和最小二乘法的区别之处在于假设企业依据当期整体的生产效率实际情况做出相应的投资决策，同时再将企业中不可测的生产率替代变量选为当期投资额，由此通过加入当期投资额的数据来化解全要素生产率估算过程中遇到的同时性偏差问题。在具体的测算过程中，OP法构建以企业当期投资额和资本存量作为解释变量的投资函数，将此投资函数代入生产函数，首先估算生产经营过程中投入的劳动生产要素（L）的无偏估计量，其次再使用非线性最小二乘法企业投入的资本生产要素（K）的估计量，然后将计算出的劳动和资本要素投入额代入生产函数公式，最后通过拟合方程计算出残差项的绝对值即为企业层面的全要素生产率。但是OP法在使用过程中也有限制因素，即有一个假设前提要求作为代理变量的企业当期投资额需要与企业总产出具有单调关系，所以当样本公司的当期投资额数据缺失时，就无法进行全要素生产率的估计。

表5-9　CEO权力与全要素生产率研究稳健性检验汇总表

变量	Y=TFP_OP					
Power	1.145***	—	—	—	—	—
	(3.203)					
ABP	—	−6.033***	—	—	—	—
		(−2.665)				
STR	—	—	1.546**	—	—	—
			(2.215)			
OWN	—	—	—	−1.191*	—	—
				(−1.847)		
REPU	—	—	—	—	1.667**	—
					(2.590)	
EXP	—	—	—	—	—	1.879***
						(3.107)
Control	控制	控制	控制	控制	控制	控制
行业	控制	控制	控制	控制	控制	控制
样本数量	255	255	255	255	255	255
Adjusted R²	0.434	0.199	0.189	0.182	0.197	0.211

注：***、**、*分别代表在1%、5%、10%水平上显著。

表 5-10　全要素生产率与财务困境化解研究稳健性检验汇总表

变量	Re	Period	DNNP	GROP	JYJ
TFP_OP	0. 103 ***	0. 120 ***	80. 50 ***	75. 81 ***	−7. 400
	（4. 744）	（4. 658）	（4. 758）	（4. 306）	（−1. 164）
Control	控制	控制	控制	控制	控制
行业	控制	控制	控制	控制	控制
样本数量	255	255	255	255	255
Pseudo R^2/Adjusted R^2	0. 43	0. 23	0. 19	0. 12	0. 14

注：*** 、** 、*分别代表在1%、5%、10%水平上显著。

表 5-11　中介效用稳健性检验结果汇总表

变量	Re	Period	DNNP	GROP	JYJ
TFP_OP	0. 0952 ***	0. 109 ***	70. 59 ***	68. 39 ***	−7. 732
	（4. 194）	（4. 189）	（4. 186）	（3. 848）	（−1. 189）
Power	0. 499 ***	0. 465 ***	208. 7 ***	156. 4 **	7. 001
	（3. 954）	（3. 861）	（2. 999）	（2. 133）	（0. 261）
Control	控制	控制	控制	控制	控制
行业	控制	控制	控制	控制	控制
样本数量	255	255	255	255	255
Pseudo R^2/Adjusted R^2	0. 42	0. 21	0. 23	0. 14	0. 14

注：*** 、** 、*分别代表在1%、5%、10%水平上显著。

第六章　调节效应：CEO权力、内部控制水平与财务困境化解

将内部控制思想首次运用到企业管理实践的时间大约是18世纪产业革命后期（李连华，2005），当时一些欧洲国家在财务处理阶段使用了出纳与会计岗位分离和账目核对控制手段，目的是确保账务处理的正确性和财务舞弊的防范，理论界通常将内部控制思想运用的初期称为内部牵制时期。随着生产技术的进步、产业规模的增加和经营流程的复杂化，企业对于内部控制活动的需求日益旺盛，关于内部控制的理论研究和应用实践逐渐得到了学术界和实务界的重视。

内部控制有助于提高企业的社会信任水平，社会信任是企业的一项重要资本，较高的社会信任有利于企业与供应商、客户、内部员工和监督部门之间的有效沟通。对于已经获得较高社会信任水平的企业来说，它们更有意愿遵守道德制度，企业本身具有很强的道德诚信意识，并且和关联方之间保持着沟通意愿，这就会大大降低经营活动中的风险成本，股东和管理层之间的目标更加趋于一致，普遍通过建立较为完善的内部控制制度来预防财务风险和经营风险的发生。但是对于社会信任水平较低的企业来说普遍存在较高的代理成本和道德风险，当使用地区企业信用指数和各地区外商直接投资额作为衡量企业的社会信用水平时（林钟高、陈曦，2016），研究结果显示企业的内部控制质量与财务困境风险之间存在显著负相关的关系，进一步的研究发现企业社会信用水平可以降低内部控制缺陷对财务困境风险的负面影响，而且在社会信用水平更低的地区，企业社会信用对内部控制缺陷的负面影响降低效果更好。

我国财政部等部门在2008年联合研究并发布了《企业内部控制基本规范》，并在2010年继续发布了配套报告，即《企业内部控制配套指引》，其中对内部控

制评价和审计的评价理论依据、主体、范围和相关责任进行了规定。但是基本规范指引中内容的侧重点在于框架和概念等定义解析，企业在实际操作过程中会遇到比较大的执行问题。企业建立内部控制制度的主要目的是保障企业经营管理活动符合法律法规，保全企业资产，保证会计信息可靠准确，提高生产经营效率和实现企业的发展战略。内部控制制度实施的有效性就来自于内部控制目标的实现程度，同时内部控制评价活动就是评价内部控制制度的有效性程度。内部控制评价制度同样有着重要的意义：首先，对于企业自身来说建立内部控制评价制度能够帮助其及时识别和改正控制过程中的设计或者执行缺陷，提高内部控制的效果；其次，对于企业的投资者来说，内部控制评价能够有效约束管理层人员的管理行为，使得与企业相关的不同利益方的权益得到保障；最后，对于外部监督者来说内部控制评价体系能够监测企业经营合法合规等情况，有利于进行市场监督活动和制定相关监管法律法规。

本章研究 CEO 权力、内部控制和财务困境化解之间的关系，根据上文的研究可知对于处于财务困境的上市公司，CEO 综合权力有助于公司进行财务困境化解，而公司建立内部控制制度的目标就是帮助提高经营效率并实现战略目标，并且规范和监督管理层实施权力的流程和效果。在研究逻辑上内部控制水平有助于 CEO 综合权力进一步发挥促进财务困境化解的效果，同时抑制异常 CEO 权力对财务困境化解的负面影响。

第一节　理论分析与研究假设

一、内部控制水平与财务困境化解

理论界第一次对内部控制进行官方定义是在 1949 年美国注册会计师协会发布的一篇关于内部控制的报告①中，该报告将内部控制定义为：为了保证企业资

---

① 参见 AICPA1949 年发布的 *Internal Control：A Coordination System Element and Its Importance to Management and CPAs*。

产的安全性与完整性、确保会计财务资料的正确性和可信性、保障企业制定的经营方针能够贯彻执行和提高企业经营效率的组织制度，企业内部所制定的整体制度和规划及其配套措施。后来关于内部控制研究具有里程碑意义的事件是 COSO 委员会①的成立，该委员会发布了具有重要意义的研究报告，即《内部控制：整体框架》。COSO 委员会的成立对内部控制领域研究产生重大意义的原因有以下几点：第一，委员会的成立发起方更加广泛。关于内控控制最初的定义是由美国注册会计师协会一方发布的，而 COSO 委员会的发起方除了 AICPA 以外，还包括美国会计学会、美国财务经理协会、内部审计师协会和管理会计师协会等，而且美国国会也对该报告中的内容做过更加细致的修订。委员会的发起成立打破了以前美国注册会计师协会主导内部控制研究的格局，有助于将相关研究进行更加全面的完善。第二，COSO 发布的报告扩大了内部控制活动的参与方并且明确了实施环节。内部控制报告中将参与方扩大到包括董事会成员、经理层人员和一些普通员工等，内部控制的目标是为了提高企业经营效率、保证财务报告的准确性和可靠性、经营活动合法合规等。报告中将内部控制活动的环节包括作为基础的控制环境、事前风险评估、针对性控制活动、各环节的信息沟通和整个流程的监督。另外，报告中还将管理层对内部控制活动的态度和企业文化等抽象化的概念融入了内部控制的研究范围，同时也注重具体实施过程中的可操作性。

　　COSO 在 2004 年发布了《企业风险管理——整合框架》，报告名称的关键词从"内部控制"演化到了"企业风险管理"，这两个概念也有着相应的联系。企业内部控制的本质目的就是对企业面临的风险进行管理，但是企业风险管理的内容与内部控制的内容又有着差异。内部控制内容的表达强调了风险控制的方法和途径，而风险管理就直接明确了企业进行风险控制措施的目的，但是对于完成一件事情来说目的和方法途径两者缺一不可。COSO 在 2017 年再次发布了第二版《企业风险管理框架》，两个版本框架报告的发布间隔了 13 年，其间企业面临的经营环境也产生了巨大的变化，主要体现在产业技术、商业环境、信息科技和国际贸易规则等。

---

　　①　COSO 是美国反虚假财务报告委员会下属的发起人委员会（The Committee of Sponsoring Organizations of the Treadway Commission）的英文缩写。

具有一定标准的内部控制评价与相关报告的规则安排称为内部控制评价模式。公司制是美国企业的普遍制度模式，其特点是公司的股权即所有权高度分散，所以经常会产生股东无法有效监督管理层人员所导致的代理问题，相关代理问题的有效解决途径是利用外部资本市场监督、所有权交易和并购及破产法律等机制。以美国的塞班斯法案为例，要求企业内部的管理层在财务报告中先评价自身内部控制制度的有效性，再要求注册会计师进行有效性的审计工作。

公司治理和内部控制是两个不同的概念，但是两者之间也存在着必要的联系。有一种观点提出公司治理是内部控制的环境，因此也被称作为环境论（阎达五、杨有红，2001；陈铃，2001；张安明，2002）。根据美国注册会计师协会和COSO 分别发布的关于内部控制的研究报告，内部控制的环境要素中包括董事会成员和他们对内部控制活动的态度，同时公司治理制度中的核心是董事会，董事会成员对内部控制活动的决策和监督会对其起到制约效果。但是公司治理和内部控制两个概念之间还存在一些具体的差异，主要有以下几点。第一，理论基础不同。内部控制研究的理论基础主要涉及会计学、审计学和管理学等领域，也会少量涉及一些经济学理论，而公司治理相关研究的理论基础主要是产权与制度经济学。第二，活动实施的主体不同。内部控制参与的主体主要是公司内部的董事会、高级管理人员和一些具体职能的管理部门，而公司治理主要参与的主体除了公司内部的股东及股东大会、董事会、监事会和高级管理人员以外，还有一些外部的利益相关者，如行业协会、政府监管部门、社交媒体、债权人和潜在投资者等。第三，目标性差异。内部控制的目标是确保财务报告等数据真实可靠、提高公司经营效率和保证公司财产安全等。公司治理的目标可以概括为保障商业主体运行的效率和利益分配合理，公司治理制度需要保证股东、管理人员、监督人员和其他利益相关者之间责任和利益得到科学合理的限定与分配。第四，制度内容的差异。内部控制的主要内容包括财务会计信息核算与披露，公司资产的保管与领用，业务流程制定、执行与监督等。公司治理涵盖的内容主要有所有者与管理层之间的委托代理关系、企业控制权的分配、盈利分配与剩余收益的分配等。第五，应用主体范围差异。不同组织形式的企业都会涉及内部控制，包括独资企业、公司制企业以及合伙企业。公司治理的问题一般只出现在公司制的企业中，因为独资企业与合伙企业的所有权与管理权通常相统一。

内部控制是上市公司在正常生产经营过程中设置的自我约束和监督的内部制度，内部控制制度的重要性随着企业经营规模的扩张而提高，目前内部控制制度的建设已经成为保障企业正常经营的关键因素之一。内部控制制度对企业自身和相关利益方有着多方面的积极因素。第一，企业内部控制制度有助于保障财务报表信息的真实性、可靠性和准确性。财务处理阶段的内部控制活动将会监督财务信息生成的整个流程，包括数据记录、收集、分类和整合等全部过程。准确可靠的财务数据能够帮助公司管理层分析到真实数据，及时准确地发现生产或者经营漏洞并有针对性地调整计划和策略，提高经营效率并促进经营目标的实现。第二，内部控制能够有效地防范经营风险。在企业的整个经营流程中内部控制制度都扮演着至关重要的作用，内部控制制度先对具体经营活动所产生的风险进行评估，然后设计有针对性的纠正措施，当评估的经营风险发生概率达到一定程度时采取应对措施，并且对于控制效果相对薄弱的环节进行有效加强，以达到能够显著控制经营风险的结果。第三，保护企业资产的完整性。在资产的采购阶段保证支付的金额和目标采购的物资相一致，在原材料领用环节保证领取的品种和数量与生产计划一致，企业对物资的合理控制能够保障顺利完成订单合同并与客户维持良好的合作关系。综上分析，提出假设 6.1：

假设 6.1：对于处于财务困境的上市公司，内部控制水平提高有助于财务困境化解。

二、CEO 权力、内部控制水平与财务困境化解

在第二版《企业风险管理框架》中将企业风险管理定义为企业董事会成员、高级管理人员和一些员工共同参与的一系列管理流程，这些管理流程的目的是识别企业可能面临的潜在风险，并且在企业风险承受能力和偏好范围内进行管理控制，以达到保证实现企业的经营目标，企业风险管理流程将会被应用到经营战略制定和各部门的经营活动中。在该报告中提到了内部控制活动和风险管理的联系，提出了内部控制是企业风险管理的一部分，而且风险管理框架报告的编写也参考了内部控制框架报告的内容。但是没有能够确保企业肯定完成经营目标的风险管理制度，可能对风险管理制度产生负面影响的因素来自多个方面，政府及产业政策会产生非预期性的转变，如受政府财政补贴影响较为明显的新能源汽车

和光伏发电行业，在企业的生产技术没有取得明显突破的情况下，研发成本投入过高而相应产生的收入无法弥补成本的投入，此时如果政府财政补贴政策发生明显削减则会对企业的近期盈利水平产生较大的负面影响。另外也有来自人为因素的负面影响，首先决策者由于精力和学识的不足可能会做出错误的判断，然后企业内部经理人员或者员工之间可能会进行合谋等手段规避内部控制和风险管理的措施，从而侵害公司的利益为自己谋取私利。风险控制的成本也是制约风险管理制度的一个原因，如果风险控制实施的成本过高或者流程冗余复杂，也将会增加企业的管理成本支出、打击员工的积极性或者拖累企业经营的效率。

董事会成员在企业高层次决策中具有决定权，能够影响到企业整体战略规划和关键资源的配置。另外董事会人员会对企业的管理者进行推选，并且对选举后的管理人员进行授权、指令和监督等活动，董事会成员会对所期望的员工能力、品质和价值观进行规划，并按此规划对人员进行有针对性的挑选。董事会人员影响企业风险管理的途径有以下几种：第一，对企业所需要重点防范的风险进行划分，并制定有针对性的措施，同时持续监督管理人员对重点风险的反应情况；第二，衡量和决定企业的风险容忍程度和风险偏好；第三，调研和了解具体风险管理人员制定控制流程的有效性和执行情况。董事会成员是企业内部控制环境的一项重要构成，需要构建进行风险管理所需要的必要组织部门并且对风险控制的流程和效果进行持续的监督。权力的本身没有好坏之分，当管理层人员在企业中拥有适当的权力时，使用专业技能和个人智慧能够更好地帮助完成经营战略目标。但权力却具有蔓延扩张性、占有性和排他性的特点，具有权力的管理层人员可能会被自利性腐蚀思想并滥用权力。当高管人员拥有异常过高的权力时，他们对于公司决策制定的影响可能已经凌驾于内部治理机制之上，原本寄托于来自股东大会、监事会、董事会和职工组织的监督机制将会难以起到预期的监督作用。

公司内部的首席执行官作为高级管理人员的核心，同时也是企业风险管理的最终负责人。首席执行官会为整个企业所进行的风险管理活动奠定一个基准，而这个基准将会是后续影响其他员工风险控制价值观和职业操守的重要因素。在企业中CEO履行其风险管理职能的途径主要是制定总原则及重点风险控制领域，分配下级的相应管理人员领导权并同时监督其风险管理过程及效果。各级管理人员将会根据自身负责部门的具体情况进行具体的和有针对性的流程、规章制定活动，并且将具体的风险控制流程进行进一步分配。在企业风险控制实施的初期，CEO 与各部门主管聚集到一起对企业风险控制框架的适应性进行评估。当公司内部治理机制对拥有绝对权力的管理层失去监督控制能力时，公司将面临巨大的潜在风险。因为此时公司的重大战略制定权将集中在某一名管理层人员中，如果绝对权力拥有者总是能够制定正确的决策，同时具有较高的职业道德、专业能力和责任感的话，公司所面临的遭受重大损失的风险将会显著降低。但是一个人的精力和体力是有限的，同时伴随着年龄的增长和经营环境复杂度的日益提高，管理者难免会做出错误的判断。绝对权力的拥有者在公司重大战略决策上所犯下的失误意味着整个公司做出的错误，同时对管理者制定和执行决策的过程缺少谏言和监督，最终将会使公司走向衰败甚至破产。综上分析，企业内部控制既能够制约高管人员权力的行使，又可以为提高经营效率做出贡献，能够帮助 CEO 综合权力更好地帮助企业进行财务困境化解，同时也会抑制异常 CEO 权力的负面影响，于是提出假设 6.2 和假设 6.3。

假设 6.2：企业内部控制水平会增强 CEO 综合权力帮助企业化解财务困境的效果。

假设 6.3：企业内部控制水平会减弱异常 CEO 权力对财务困境化解的负面影响。

第二节 研究设计

一、样本选择与数据来源

本章主要研究处于财务困境的上市公司中 CEO 权力、内部控制和财务困境化解之间的关系。与上文选取研究样本的思路相同，使用的数据截至 2018 年底，研究中国 A 股 2006~2015 年被实施特别处理的上市公司，剔除金融行业的上市公司后共得到 255 个样本公司。通过对研究样本的统计发现样本平均化解财务困境的时间是 2.84 年，本章仍然使用 3 年期作为样本是否脱困观察期限，如果样本公司能够在 3 年内取消特别处理，本章就判定为公司摆脱了财务困境状态，如果样本公司没有能够在 3 年内取消特别处理，则定义为公司没有化解财务困境状态。

本章使用的数据主要来自国泰安（CSMAR）数据库和万德（Wind）数据库，具体涉及管理层人员数据库和上市公司财务数据库。另外对于 CEO 人员的学历、晋升来源、从业经历和社会职务兼任情况等信息，同时使用巨潮资讯网、和讯网、东方财富网和百度搜索等互联网信息平台进行信息的搜集和核实。为了减少样本数据异常值对研究结果的影响，使用 winsorize 方法对连续型变量数据进行前后 1% 缩尾处理，本章数据处理的软件是 Stata 14.0。

二、变量定义

被解释变量分为两类，一类是衡量财务困境化解情况，另一类是衡量样本公司的成长能力，具体包括的变量有公司在被 ST 后 3 年内是否摆脱实施特别处理措施的虚拟变量（Re）、样本公司化解财务困境所需时间的序列变量（Period）、扣除非经常性损益净利润同比增长率（DNNP）、营业利润同比增长率（GROP）和经营活动产生现金流净额同比增长率（JYJ）。解释变量是与管理层权力相关的变量，分别包括 CEO 综合权力（Power）、异常 CEO 权力（ABP）、结构性权力（STR）、所有者权力（OWN）、专家权力（EXP）和声望权力（REPU）。本章使用到的控制变量有总资产周转率（TAT）、应收账款周转率（TAR）、资产负债率（LB）、流动比率（LR）、净资产收益率（ROE）、基本每股收益同比增长率（EPS）、实际控制人性质（CNT）、广义货币增长率（MT）、总资产（SIZE）、董事会人数（BOA）和 CEO 是否发生变更（CHA）。被解释变量、解释变量和控制变量具体量化方法见第四章第二节"变量定义"部分内容。

调节变量是内部控制水平（IC），具体使用的指标是迪博公司发布的中国上市公司内部控制指数除以 100 后的数值。内部控制指数的编制过程中考虑的内容包括企业内部合法合规水平、各期财务报告质量、企业资产安全情况、整体经营战略目标和经营效率等。另外内部控制指数同时加入指标的修正因素即内部控制缺陷情况等，持续对指标进行维护，保证指数的综合性、真实性、专业性和可靠性。

表 6-1 对本章变量进行汇总。

表 6-1 变量定义汇总表

变量名称	变量符号	变量定义
财务困境恢复	Re	如果样本公司在被 ST 后 3 年内取消实施特别处理的措施，则取值为 1；否则取值为 0
	Period	样本在被 ST 后摆脱实施特别处理措施所需要的时间构成的离散型序列变量，具体衡量方法见第四章第二节"变量定义"部分内容
成长能力	DNNP	扣除非经常性损益净利润同比增长率（DNNP）＝第 t+1 年扣除非经常性损益净利润变动量/第 t 年扣除非经常性损益净利润。第 t 年指上市公司被 ST 当年，下同
	GROP	营业利润同比增长率（GROP）＝第 t+1 年营业利润变动量/第 t 年营业利润
	JYJ	经营活动产生现金流净额同比增长率（JYJ）＝第 t+1 年经营活动产生现金流净额变动量/第 t 年经营活动产生现金流净额
CEO 权力	Power	CEO 综合权力。从结构性权力、所有者权力、声望权力和专家权力四个维度进行构建，使用主成分分析法得到变量数值，具体衡量方法见第四章第三节"变量定义"
	ABP	异常 CEO 权力。使用残差法进行估计，使用残差的绝对值，具体衡量方法见第四章第二节"变量定义"部分内容
	STR	结构性权力。当样本公司被实施特别处理当年 CEO 兼任董事长时，Dual 变量取值为 1，否则为 0。当样本公司 CEO 兼任内部董事时，Sal 变量取值为 1，否则为 0。结构性权力变量值由上述两个变量求和得到
	OWN	所有者权力。如果样本公司中有管理层持股的现象，则 Rte 取值为 1，否则取值为 0。如果前十大股东持股比例小于样本行业平均值，则 Top 取值为 1，否则取值为 0。于是，上述两个指标的和构成所有者权力指标
	REPU	声望权力。当样本公司 CEO 具有研究生及以上学历时 Edu 取值为 1，否则取值为 0（谭庆美、魏东一，2014）。当样本公司 CEO 在公司外部有兼职时 Par 取值为 1，否则取值为 0，将上述两个指标数值进行相加即得到声望权力的变量值
	EXP	专家权力。当 CEO 的任职期限超过行业均值，则 Tenu 取值为 1，否则取值为 0；当样本公司 CEO 是由内部晋升则 Ins 取值为 1，否则值为 0。专家权力由 CEO 任职期限和 CEO 是否由内部晋升两个指标构成
调节变量	IC	内部控制水平，采用迪博公司发布的中国上市公司内部控制指数除以 100 后的数值

变量名称	变量符号	变量定义
控制变量	TAT	总资产周转率=营业收入/平均总资产
	TAR	应收账款周转率=营业收入/平均应收账款
	LB	资产负债率=总负债/总资产
	LR	流动比率=流动资产/流动负债
	ROE	净资产收益率=净利润/平均所有者权益
	EPS	基本每股收益同比增长率=第 t 年基本每股收益的变动量/第 t-1 年基本每股收益
	CNT	如果样本公司的所有权性质是国有企业时，虚拟变量所有权性质 CNT 取值为 1，否则取值为 0
	MT	广义货币 M2 增长率
	SIZE	样本公司总资产的对数
	BOA	董事会成员的数量
	CHA	样本观测期 CEO 发生变更则取值为 1，否则为 0

三、模型构建

通过理论分析本章提出假设 6.1，即对于处于财务困境的上市公司，内部控制水平提高有助于财务困境化解。为了检验假设 6.1 构建式（6-1）至式（6-3），由于模型的被解释变量性质不同，本章有针对性地建立 Probit、Ologit 和加权最小二乘法，对应的被解释变量类型分别是二值虚拟变量、多值离散序列变量和连续性变量。对于假设 6.1，回归结果主要观测的数值是内部控制水平 IC 的系数 β_2。

$$\mathrm{Probit(Re)} = \alpha_0 + \beta_1 \mathrm{Power} + \beta_2 \mathrm{IC} + \beta_3 \mathrm{TAT} + \beta_4 \mathrm{TAR} + \beta_5 \mathrm{LB} + \beta_6 \mathrm{BOA} + \beta_7 \mathrm{LR} +$$
$$\beta_8 \mathrm{ROE} + \beta_9 \mathrm{EPS} + \beta_{10} \mathrm{CNT} + \beta_{11} \mathrm{MT} + \beta_{12} \mathrm{SIZE} + \beta_{13} \mathrm{CHA} \qquad (6-1)$$

$$\mathrm{Ologit(Period)} = \alpha_0 + \beta_1 \mathrm{Power} + \beta_2 \mathrm{IC} + \beta_3 \mathrm{TAT} + \beta_4 \mathrm{TAR} + \beta_5 \mathrm{LB} + \beta_6 \mathrm{BOA} + \beta_7 \mathrm{LR} +$$
$$\beta_8 \mathrm{ROE} + \beta_9 \mathrm{EPS} + \beta_{10} \mathrm{CNT} + \beta_{11} \mathrm{MT} + \beta_{12} \mathrm{SIZE} + \beta_{13} \mathrm{CHA} \qquad (6-2)$$

$$\mathrm{Grow} = \alpha_0 + \beta_1 \mathrm{Power} + \beta_2 \mathrm{IC} + \beta_3 \mathrm{TAT} + \beta_4 \mathrm{TAR} + \beta_5 \mathrm{LB} + \beta_6 \mathrm{BOA} + \beta_7 \mathrm{LR} + \beta_8 \mathrm{ROE} +$$
$$\beta_9 \mathrm{EPS} + \beta_{10} \mathrm{CNT} + \beta_{11} \mathrm{MT} + \beta_{12} \mathrm{SIZE} + \beta_{13} \mathrm{CHA} \qquad (6-3)$$

假设 6.2 提出内部控制水平增强 CEO 综合权力对财务困境化解的促进效果，为证明该假设构建式(6-4)至式(6-6)。模型中解释变量是 CEO 综合权力 Power，其数据的测算来源包括结构性权力、所有者权力、声望权力和专家权力。构成 CEO 综合权力的四个维度管理层权力的来源都有一定的积极因素，由此构成的 CEO 综合权力也有望为处于财务困境的公司产生积极的意义。模型中的调节变量 是内部控制水平 IC，交乘项是由 CEO 综合权力 Power 和内部控制水平 IC 的乘积 组成。

$$\text{Probit(Re)} = \alpha_0 + \beta_1 \text{Power} + \beta_2 \text{IC} + \beta_3 \text{Power} * \text{IC} + \beta_4 \text{TAT} + \beta_5 \text{TAR} + \beta_6 \text{LB} + \beta_7 \text{BOA} +$$
$$\beta_8 \text{LR} + \beta_9 \text{ROE} + \beta_{10} \text{EPS} + \beta_{11} \text{CNT} + \beta_{12} \text{MT} + \beta_{13} \text{SIZE} + \beta_{14} \text{CHA} \quad (6\text{-}4)$$

$$\text{Ologit(Period)} = \alpha_0 + \beta_1 \text{Power} + \beta_2 \text{IC} + \beta_3 \text{Power} * \text{IC} + \beta_4 \text{TAT} + \beta_5 \text{TAR} + \beta_6 \text{LB} +$$
$$\beta_7 \text{BOA} + \beta_8 \text{LR} + \beta_9 \text{ROE} + \beta_{10} \text{EPS} + \beta_{11} \text{CNT} + \beta_{12} \text{MT} + \beta_{13} \text{SIZE} +$$
$$\beta_{14} \text{CHA} \quad (6\text{-}5)$$

$$\text{Grow} = \alpha_0 + \beta_1 \text{Power} + \beta_2 \text{IC} + \beta_3 \text{Power} * \text{IC} + \beta_4 \text{TAT} + \beta_5 \text{TAR} + \beta_6 \text{LB} + \beta_7 \text{BOA} +$$
$$\beta_8 \text{LR} + \beta_9 \text{ROE} + \beta_{10} \text{EPS} + \beta_{11} \text{CNT} + \beta_{12} \text{MT} + \beta_{13} \text{SIZE} + \beta_{14} \text{CHA} \quad (6\text{-}6)$$

本章与假设 6.2 相对应地提出假设 6.3，即企业内部控制会减弱异常 CEO 权 力对财务困境化解的负面效果，由此建立式（6-7）至式（6-9）。异常 CEO 权 力残差估计法是先将 CEO 薪酬除以前五名高管薪酬之和的商作为被解释变量， 同时选取一些重要的解释变量建立回归模型并得到估计的系数，第二步利用新得 到的回归系数结合解释变量计算出期望的被解释变量，使用原被解释变量减去估 计出的期望被解释变量得出的残差即为异常 CEO 权力。模型中解释变量是异常 CEO 权力（ABP），调节变量仍然是内部控制水平（IC），交乘项是异常 CEO 权 力 ABP 和内部控制水平 IC 的乘积。

$$\text{Probit(Re)} = \alpha_0 + \beta_1 \text{ABP} + \beta_2 \text{IC} + \beta_3 \text{APB} * \text{IC} + \beta_4 \text{TAT} + \beta_5 \text{TAR} + \beta_6 \text{LB} + \beta_7 \text{BOA} +$$
$$\beta_8 \text{LR} + \beta_9 \text{ROE} + \beta_{10} \text{EPS} + \beta_{11} \text{CNT} + \beta_{12} \text{MT} + \beta_{13} \text{SIZE} + \beta_{14} \text{CHA} \quad (6\text{-}7)$$

$$\text{Ologit(Period)} = \alpha_0 + \beta_1 \text{ABP} + \beta_2 \text{IC} + \beta_3 \text{ABP} * \text{IC} + \beta_4 \text{TAT} + \beta_5 \text{TAR} + \beta_6 \text{LB} + \beta_7 \text{BOA} +$$
$$\beta_8 \text{LR} + \beta_9 \text{ROE} + \beta_{10} \text{EPS} + \beta_{11} \text{CNT} + \beta_{12} \text{MT} + \beta_{13} \text{SIZE} + \beta_{14} \text{CHA}$$
$$(6\text{-}8)$$

$$\text{Grow} = \alpha_0 + \beta_1 \text{ABP} + \beta_2 \text{IC} + \beta_3 \text{ABP} * \text{IC} + \beta_4 \text{TAT} + \beta_5 \text{TAR} + \beta_6 \text{LB} + \beta_7 \text{BOA} +$$
$$\beta_8 \text{LR} + \beta_9 \text{ROE} + \beta_{10} \text{EPS} + \beta_{11} \text{CNT} + \beta_{12} \text{MT} + \beta_{13} \text{SIZE} + \beta_{14} \text{CHA} \quad (6\text{-}9)$$

第三节　描述性统计

本章研究样本中 2007 年内部控制水平变量 IC 的均值是 4.56，由于这是除以 100 后的数值，所以 2007 年研究样本的内部控制指数均值为 456 分。由变量 IC 均值的走势可以看出，研究样本的内部控制水平从 2007—2009 年有所上升，之后指数评分出现下降，直到 2015 年变量的评分均值再次上升到 522 分（见表 6-2）。可以看出随着内部控制制度理论研究和企业实践的深入，企业的内部控制平均水平有所上升。

表 6-2　内部控制变量描述性统计

年份	样本数量	均值	标准差	最小值	最大值
2007	53	4.56	2.37	7.40	0
2008	20	5.30	2.58	7.26	0
2009	23	5.44	1.93	7.43	0
2010	37	5.33	1.78	7.08	0
2011	12	4.47	1.64	6.01	0
2012	24	4.68	2.32	7.52	0
2013	18	4.88	2.06	7.15	0
2014	31	4.70	1.89	7.53	0
2015	37	5.22	2.10	7.80	0
汇总	255	4.95	2.12	7.80	0

COSO 与 1992 年、2004 年、2013 年和 2017 年分别发布了与企业内部控制和风险管理相关的重要报告。企业内部控制活动并不是一个单一的或者孤立的行为，而是需要参与到企业各项生产经营活动中的一系列设计和规划。企业内部控制制度需要建立相应的风险评估计量模型，在日常经营过程中不断将数据放到模型中进行测算并且对得出的结果进行专业分析，所以日常的经营活动和内部控制

活动是同时进行的，这也是由基本的商业目标所决定的，即追求企业实现稳定的盈利。构建和执行内部控制制度会显著影响企业的成本构成情况，除了个别垄断行业以外，绝大部分行业中的企业都处于激烈的商业竞争环境中。在企业现有生产流程、工艺和安排之下加入新的内部控制流程会增加部分隐性成本，即企业自身所具有的并且同时使用到生产经营过程中的要素投入的价值。但是内部控制活动却会降低风险发生的概率，进而减少期望损失，反而会有效降低隐性成本。如果内部控制制度成为构成企业内部虚拟基础设施的一个重要部分时，其进行风险管理与控制的效果将会最优，进而提高完成企业战略的能力和水平并提升企业目标层次。

企业管理层人员尤其是首席执行官和首席风险官等是整体风险控制标准的决策者，因为不同员工对业务和经营的认识和理解是有区别的，于是就需要具备更高专业能力和职业经验的个人去对企业所面临的风险进行评估、量化、确认、管理和反馈。企业的内部控制与风险管理将会直接监督管理层人员，但是管理层人员反过来也会影响企业内部控制制度的设计和执行。企业的管理层人员最能影响内部控制和风险管理的设置和执行，并且企业整体的控制活动都由员工的主观能动性所实现。内部控制制度为员工从企业自身的角度去评估经营风险提供了具体的标准和框架，并且也明确了每一个参与到内部控制流程中的员工的权限、职责和履行权限的途径。

第四节　单变量分析

将研究样本按照被 ST 后三年内是否"摘帽"分为两组，检验不同组别变量均值和中位数的差异性检验。由表 6-3 可知，内部控制变量 IC 显示脱困样本组的均值为 5.027 大于未脱困样本组的均值 4.909，中位数也是有相同的规律。两组数据的变量 IC 都是中位数大于均值，说明数据出现了负偏态，即具有左边出现数据长尾。由单变量分析结果汇总表可以看出两个解释变量（Power 和 ABP）、调节变量、两组交乘项这 5 个变量的 T 检验和 Mann-Whitney 检验结果都是显著的。

表 6-3　单变量分析汇总表

变量	脱困样本组		未脱困样本组		T 检验	Mann-Whitney 检验
	均值	中位数	均值	中位数		
IC	5.027	5.656	4.909	5.401	-1.119**	-6.305***
Power	2.065	1.760	1.195	0.990	-0.870***	-5.021***
Power * IC	10.131	8.166	4.825	3.493	-5.306***	-6.148***
ABP	0.029	0.031	0.040	0.043	0.115***	2.812***
ABP * IC	2.019	173.113	1.892	181.643	-12.718**	-1.108**
STR	0.667	1	0.573	0	-0.094*	-1.174*
OWN	0.717	1	1.125	1	0.408***	4.222***
REPU	1.258	1	0.646	1	-0.612***	-6.243***
EXP	1.365	2	0.646	1	-0.719***	-6.960***
TAT	0.707	0.53	0.517	0.471	-0.191***	-1.690*
TAR	30.512	8.2	21.784	6.665	-8.728	-2.813***
LB	62.164	62.46	77.486	72.395	15.322***	3.288***
LR	1.37	1.03	0.789	0.6	-0.581***	-5.248***
ROE	13.895	5.52	3.978	3.29	-9.917***	-3.416***
EPS	136.675	114.29	107.763	108.155	-28.912*	-2.448***
CNT	0.532	1	0.615	1	0.082	1.271
MT	0.155	0.144	0.184	0.176	0.030***	6.059***
SIZE	2.976	2.92	2.533	2.584	-0.443***	-2.587***
BOA	8.105	7	9.089	7	0.878**	2.687**
CHA	0.486	0	0.287	0	-0.468**	1.783*

注：***、**、*分别代表在1%、5%、10%水平上显著。

　　企业的管理层人员包括 CEO、总经理、首席风险官和财务负责人等，在某一特定时机他们可能会利用其自身的职务便利或者采取某些隐蔽措施进行谋取私利，同时也可能产生财务报表数据舞弊等现象。财务数据舞弊或者虚假的动机常常是某些高级管理人员想要隐瞒对于企业或者个人不利的信息，由此通过凌驾于内部控制制度的方式进行篡改和恶意修饰。科学健全的企业内部控制制度能够显著激励管理层人员尽职尽责，并且消除高管凌驾于制度之上的缺陷漏洞，进而也消除了实施舞弊行为的动机。

第五节　相关性分析

表6-4是本章建立的模型中所使用到的主要变量相关性检验结果。内部控制变量 IC 与被解释变量 Re 的相关性检验结果是显著为正的，检验结果的绝对值是0.4。另外脱困时间的序列变量、扣除非经常性损益净利润同比增长率和营业利润同比增长率与内部控制水平变量的相关系数也是显著为正的，而经营活动产生现金流净额同比增长率与内部控制水平的相关性系数却不显著。对于 CEO 综合权力 Power 和调节变量 IC 的交乘项与样本三年内是否脱困的虚拟变量、脱困时间的序列变量、扣除非经常性损益净利润同比增长率和营业利润同比增长率的相关性系数显著为正，与经营活动产生现金流净额同比增长率的相关性系数不显著。异常 CEO 权力和调节变量的交乘项具有类似的相关性检验结果。

高管人员由于职位层级和管理权限等原因可能会具有进行舞弊和为自身谋取私利的机会，而内部控制制度主要解决的问题就是预防和纠正员工在经营过程中可能出现的违规行为或者舞弊机会，如果内部控制制度消除了员工尤其是高级管理人员舞弊的机会，进而也就相应地消除了管理层人员进行舞弊的动机。内部控制制度的关键环节在于执行与反馈优化，执行环节的核心是高级管理人员，同时制度执行的效果也受管理层人员自身专业素质和风险意识等因素的影响。管理层权力的行使具有外部性的特征，即权力的溢出效应，外部性又分为正外部性和负外部性，内部控制制度的作用应该是提高管理权力的正外部性，或者同时抑制管理权力的负外部性。

表6-4 相关性检验结果汇总表

	Re	Period	DNNP	GROP	JYJ	Power	ABP	IC	Power*IC	ABP*IC	TAT	LB	LR	ROE	CNT	MT	SIZE	CHA
Re	1																	
Period	0.884***	1																
DNNP	0.091	0.130**	1															
GROP	0.112*	0.147*	0.864***	1														
JYJ	-0.057	-0.072	-0.002	-0.001	1													
Power	0.310***	0.225***	0.108**	0.099	-0.049	1												
ABP	-0.278***	-0.194***	-0.112**	-0.121*	0.043	-0.925***	1											
IC	0.400***	0.361***	0.263***	0.211***	-0.032	0.152**	-0.129**	1										
Power*IC	0.347***	0.255***	0.215***	0.179***	-0.046	0.906***	-0.823***	0.466***	1									
ABP*IC	0.157*	0.114	0.123*	0.103*	0.01	-0.696***	0.759***	0.493***	-0.484***	1								
TAT	0.184***	0.190***	0.220***	0.202***	-0.085	-0.001	0.006	0.132*	0.054	0.079	1							
LB	-0.222***	-0.264***	-0.057	-0.094	-0.001	-0.025	-0.016	-0.047	-0.037	-0.039	0.005	1						
LR	0.227***	0.231***	0.041	0.068	-0.058	0.132**	-0.081	0.110*	0.152**	-0.012	-0.073	-0.514***	1					
ROE	0.184***	0.226***	0.073	0.074	-0.012	0.041	-0.064	0.115*	0.059	0.024	0.131*	0.077	0.001	1				
CNT	-0.081	-0.036	-0.105*	-0.088	-0.07	-0.126**	0.130*	-0.145**	-0.166***	0.033	0.069	0.116*	-0.134**	-0.089	1			
MT	-0.320***	-0.410***	-0.015	-0.017	0.125**	0.121*	-0.129*	0.041	0.167***	-0.136**	-0.046	0.052	-0.047	-0.068	-0.007	1		
SIZE	0.164***	0.229***	-0.248***	-0.162***	-0.097	-0.120*	0.123*	0.091	-0.077	0.175***	0.054	0.055	-0.197***	-0.035	0.296***	-0.174***	1	
CHA	0.135*	0.098*	0.042	0.287	0.341**	0.214**	-0.031*	0.020*	0.078	-0.064	0.087	-0.042*	0.087	0.447***	-0.767**	0.471	-0.28	1

注：***、**、* 分别代表在1%、5%、10%水平上显著，检验方式为 Pearson 检验。

第六节　多元回归分析

一、内部控制水平与财务困境化解

表 6-5 汇总了检验假设 6.1 系列模型的回归结果，重点检验的变量是内部控制水平（IC），当被解释变量为样本是否化解财务困境的虚拟变量（Re）、财务困境化解期限（Period）、扣除非经常性损益净利润同比增长率（DNNP）和营业利润同比增长率（GROP）时，变量 IC 的系数显著为正，当被解释变量为经营活动产生现金流净额同比增长率（JYJ）时变量 IC 的系数不显著。由回归结果可知，对于处于财务困境的上市公司来说，内部控制水平有助于增加财务困境化解的概率，有助于缩短公司化解财务困境所需要的时间，有利于增加企业的成长能力，但是对于增加经营活动现金流没有显著影响。

表 6-5　内部控制水平对财务困境化解的影响

变量	Re	Period	DNNP	GROP	JYJ
Power	0.497***	0.465***	160.3**	80.65*	−9.746
	(3.868)	(3.875)	(2.320)	(1.873)	(−0.477)
IC	0.527***	0.537***	585.7***	684.0***	−28.08
	(4.353)	(4.444)	(6.011)	(5.250)	(−0.974)
TAT	−0.0330***	−21.90***	−23.11***	−296.1	92.67
	(−2.716)	(−2.615)	(−2.645)	(−0.763)	(1.079)
TAR	−0.000657	−8.36e−05	3.335	−2.566	4.072***
	(−0.246)	(−0.0353)	(1.024)	(−0.589)	(4.227)
LB	−0.0164	−0.0368***	−30.97***	−28.64***	1.744
	(−1.338)	(−2.953)	(−4.643)	(−3.211)	(0.884)
LR	0.473	0.0740	−576.5***	−627.6***	23.01
	(1.386)	(0.431)	(−3.930)	(−3.201)	(0.530)

续表

变量	Re	Period	DNNP	GROP	JYJ
ROE	0.00804	0.0155**	—	—	—
	(1.507)	(2.209)			
EPS	0.000563	0.000296	-3.257**	-0.892	0.168
	(0.337)	(0.216)	(-2.021)	(-0.414)	(0.353)
CNT	-0.370	0.0399	64.01	395.6	-95.71
	(-1.187)	(0.121)	(0.231)	(1.070)	(-1.170)
MT	-16.19***	-26.42***	4,791*	2,485	777.8
	(-4.266)	(-5.806)	(1.659)	(0.644)	(0.911)
SIZE	0.322**	0.145	-285.4**	-304.4*	45.59
	(1.987)	(0.893)	(-2.306)	(-1.839)	(1.245)
BOA	-0.692	1.972	2.452	-1.934*	2.121
	(-1.454)	(0.837)	(1.027)	(-1.879)	(1.594)
CHA	0.875**	1.674*	2.127**	3.187*	2.875
	(2.119)	(2.277)	(2.187)	(1.908)	(0.964)
ROA	—	—	-13.19	-28.64	0.591
			(-0.688)	(-1.117)	(0.104)
样本数量	184	184	210	210	210
Pseudo R^2/ Adjusted R^2	0.32	0.29	0.39	0.18	0.28

注：前两列回归系数下方括号内的数值是经稳健协方差修正后的 z 值，后三列回归系数下方括号内的数值是经异方差调整后的 t 值，***、**、* 分别代表在 1%、5%、10%水平上显著。

  企业内部的经营策略执行机制包括组织结构、管理控制、人力资源管理和企业文化管理等。上市公司内部的组织控制能够在经营策略规划、策略实施与执行、活动控制和监督等环节提供整体的框架，公司组织结构构建的合理性是影响内部控制有效性和经营成果的重要因素。企业内部组织结构设计的重要内容是界定不同员工在生产经营过程中的权利与责任，同时构建科学合理的权力沟通机制。具有高经营效率的企业有着科学合理的职位层级安排，不同职位层级之间还有着顺畅的沟通机制，企业内不同的结构和功能体系综合构成整体合作框架。组织结构和管理层级的安排配合会合理界定管理层人员和普通员工的权利范围，能够在企业遇到经营等意外问题时争取到主动性，也会影响企业关键人员的专业技能和工作经验，最后在很大程度上决定企业员工的资源分配和薪酬激励。管理层人员通过影响企业内部其他员工行为达到经营战略目标的过程称为管理控制，管理控制活动的主要目的是实施企业战略并最终完成战略目标。

代理理论的内容认为现代股份制的企业内所有权和经营管理权发生分离，股东的经营目的是使股东财富最大化，股东承担企业最终经营风险的同时获得剩余收益。管理层人员的经营目的主要是获得尽可能多的高管薪酬，于是管理层人员和企业股东之间存在着目标利益差异，进而引发利益冲突行为。因此为了缓解由于代理问题产生的利益冲突，在企业内部需要建立科学合理的制约机制，即内部控制制度。内部控制制度建立的初衷或者目标是提高企业经营效率、保护整体资产安全、减少员工舞弊行为、确保财务会计信息真实可靠和促进企业经营战略目标实现等，但是也需要注意避免在内部控制制度设计、执行反馈和优化等环节受员工尤其是高级管理人员的影响。如果内部控制制度在设计构建和执行反馈等阶段具有缺陷，会给予管理层人员利用制度漏洞去侵害公司权益并为自身谋取不当利益的行为，比如通过提高在职消费等隐性薪酬，或者通过大规模实施企业并购重组活动来提高自身的声望和影响力，但是在内部控制和风险管理制度不能对管理层人员的经营管理行为进行有效监督和制约时，可能会出现增加企业经营或财务风险并侵害经营业绩的不良后果。但是在内部控制相关理论研究和社会实践不断进步的背景下，使企业因地制宜地构建科学合理的内部控制制度的可能性大大增加。

二、CEO 综合权力、内部控制水平与财务困境化解

为检验假设企业内部控制会增强 CEO 综合权力对财务困境化解的促进效果，本章建立的式（6-4）至式（6-6）的回归结果汇总于表 6-6 中。将内部控制变量水平 IC 作为调节变量，CEO 综合权力 Power 作为解释变量，构建两个变量的交乘项 Power * IC，主要研究交乘项的回归结果。当被解释变量为样本是否化解财务困境的虚拟变量（Re）、财务困境化解期限（Period）、扣除非经常性损益净利润同比增长率（DNNP）和营业利润同比增长率（GROP）时，交乘项的系数显著为正，说明对于处于财务困境的上市公司来说，内部控制能够促进 CEO 综

合权力提高财务困境化解概率、缩短脱困所需时间和提高成长能力的效果；当被解释变量为经营活动产生现金流净额同比增长率（JYJ）时，交乘项的系数不显著，说明对于 CEO 综合权力提高公司经营现金流增长的效果，内部控制无法起到提升作用。由回归结果综合可知，对于处于财务困境的上市公司来说，内部控制有助于提高 CEO 综合权力帮助化解财务困境的效果。

表 6-6　CEO 综合权力、内部控制水平与财务困境化解研究结果

变量	Re	Period	DNNP	GROP	JYJ
Power	0.890***	1.171***	201.7	305.3	152.3*
	(2.831)	(3.593)	(0.759)	(0.856)	(1.951)
IC	0.0070***	0.0080***	3.948**	8.024***	0.574
	(4.026)	(4.814)	(2.370)	(3.588)	(1.172)
Power * IC	0.0008*	0.0013**	0.632*	0.392*	0.283
	(1.843)	(2.361)	(1.911)	(1.852)	(1.150)
TAT	1.357***	1.081***	479.2	−275.4	107.7
	(3.060)	(2.939)	(1.650)	(−0.706)	(1.261)
TAR	−0.0004	−9.09e−05	3.657	−2.766	3.928***
	(−0.140)	(−0.0377)	(1.123)	(−0.633)	(4.104)
LB	−0.0155	−0.0362***	−30.74***	−28.78***	1.642
	(−1.265)	(−2.891)	(−4.619)	(−3.221)	(0.840)
LR	0.492	0.109	−587.2***	−620.9***	27.80
	(1.451)	(0.629)	(−4.008)	(−3.158)	(0.646)
ROE	0.00904	0.0158**	—	—	—
	(1.639)	(2.240)			
EPS	0.000641	0.000373	−3.364**	−0.825	0.216
	(0.380)	(0.269)	(−2.091)	(−0.382)	(0.457)
CNT	−0.354	−0.0410	105.1	370.1	−114.1
	(−1.128)	(−0.123)	(0.379)	(0.994)	(−1.399)
MT	−15.57***	−24.40***	3847	3071	1200
	(−4.100)	(−5.416)	(1.301)	(0.774)	(1.381)
SIZE	0.330**	0.174	−295.2**	−298.3*	49.97
	(2.007)	(1.065)	(−2.388)	(−1.797)	(1.375)

续表

变量	Re	Period	DNNP	GROP	JYJ
BOA	-1.122*	1.832	2.361	-1.631**	1.872
	(-1.872)	(1.037)	(1.214)	(-1.979)	(1.408)
CHA	0.782**	1.587*	2.097**	2.872*	2.021
	(2.024)	(2.187)	(1.972)	(1.834)	(1.637)
ROA	—	—	-12.83	-28.86	0.429
			(-0.671)	(-1.124)	(0.0763)
样本数量	184	184	210	210	210
Pseudo R^2/ Adjusted R^2	0.321	0.310	0.391	0.173	0.292

注：前两列回归系数下方括号内的数值是经稳健协方差修正后的z值，后三列回归系数下方括号内的数值是经异方差调整后的t值，***、**、*分别代表在1%、5%、10%水平上显著。

　　高管人员受企业所有者委托，具有不同范围的职责和管理权力，通过管理企业经营事务来获取薪资报酬。管理层人员尤其是高级管理人员具有能够对企业产生重大影响的决策制定权，他们的工作职责是通过评估宏观经济环境、行业发展趋势和企业自身生产资源和风险承担能力，制定企业整体战略目标、经营策略、生产计划、组织结构、薪酬激励和人力资源等具体安排。管理层人员对企业的影响力主要是由现代公司制度安排特点和职业工作内容特征所决定的，持有股权的股东具有企业所有权，但是企业的控制权却由股东和管理层人员共同持有①。目前对于企业来说管理层人员普遍对企业重大战略制定有着重要影响，但是理论界和实务界对于管理层人员拥有权力的合理范围并没有统一认同的标准。

　　科学有效的内部控制制度可以合理制约管理层人员在经营战略制定和执行等环节权力行使的情况，提高经营效率和达成战略目标的可能性。COSO在企业内部控制和风险管理相关报告中列举了八个内部控制要素，比如内部控制基础环境、风险管理目标制定、风险事项识别和评估、对风险事项的反应和控制、风险

---

　　①　Grossman和Hart（2004）进一步将企业控制权中属于股东的部分称为剩余控制权，将属于管理层人员的控制权称为特定控制权。Grossman S J, Hart O. Corporate Financial Structure and Managerial Incentives [J]. Social Science Electronic Publishing，2004：107-140.

管理与内部控制整体流程的信息沟通与监控等。管理层人员所做出具体决策和管理行为对其进行风险事项评估与确认，能够及时识别不当管理行为决策为企业经营带来的风险和评估可能发生的损失。对风险事项的反应和控制会对不当管理行为进行修正，采取预先制定好的改进措施进行风险消除。当企业陷入财务困境时，个别组织机构内部的信息会变得更加不透明，此时通过内部控制制度的信息沟通机制能够显著降低不同机构之间的信息不对称程度，提高沟通效率并及时反馈关键信息。因此科学合理的内部控制制度能够对处于财务困境的公司带来多方面的积极影响，提高经营效率的同时保障战略目标的实现。

三、异常 CEO 权力、内部控制水平与财务困境化解

为检验本章提出的假设企业内部控制会减弱异常 CEO 权力对财务困境化解的负面影响，本章建立的式（6-7）至式（6-9）的回归结果汇总于表 6-7 中。将控制变量水平 IC 作为调节变量，异常 CEO 权力 ABP 作为解释变量，构建两个变量的交乘项 ABP * IC，主要研究交乘项的符号回归结果。当被解释变量为样本是否化解财务困境的虚拟变量（Re）、财务困境化解期限（Period）、扣除非经常性损益净利润同比增长率（DNNP）和营业利润同比增长率（GROP）时，交乘项的系数显著为正；当被解释变量为经营活动产生现金流净额同比增长率（JYJ）时，交乘项的系数不显著。由回归结果可知，对于处于财务困境的上市公司来说，内部控制有助于抑制异常 CEO 权力对财务困境化解的负面效果。

表 6-7　异常 CEO 权力、内部控制水平与财务困境化解研究结果

变量	Re	Period	DNNP	GROP	JYJ
ABP	−4.071*	−8.289***	−7026***	−23279***	−1375**
	（−1.744）	（−2.910）	（−3.054）	（−2.953）	（−2.041）
IC	0.00389	0.000210	11.05***	16.14**	−0.107
	（1.353）	（0.0732）	（6.811）	（2.060）	（−0.160）
ABP * IC	0.0031*	0.0115**	18.62***	31.89*	1.829
	（1.767）	（2.004）	（3.922）	（1.917）	（1.287）
Control	控制	控制	控制	控制	控制

续表

变量	Re	Period	DNNP	GROP	JYJ
行业	控制	控制	控制	控制	控制
样本数量	184	184	210	210	210
Pseudo R^2 / Adjusted R^2	0.322	0.311	0.432	0.234	0.202

注：前两列回归系数下方括号内的数值是经稳健协方差修正后的 z 值，后三列回归系数下方括号内的数值是经异方差调整后的 t 值，＊＊＊、＊＊、＊分别代表在 1%、5%、10%水平上显著。

　　权力的意义本身就有明显的两极化现象，在人们的社会生活中权力不可或缺并且其影响无处不在。不合理的权力使用会导致腐败现象的出现，由于股东个人精力有限、组织结构复杂和舞弊手段隐蔽等问题，企业股东与内部管理层人员之间通常存在着信息不对称问题。拥有异常 CEO 权力的人员有机会通过影响薪酬政策制定和实行来提高自身的货币薪酬，另外异常 CEO 权力拥有者能够修改或操纵企业财务数据的生成和编制过程，通过隐藏、虚增或者控制利润释放的节奏来使自身薪酬收益最大化。当企业为管理层人员设置股权激励安排时，通常要求企业完成业绩目标，比如三年内每年企业净利润增速在 30%以上，此时管理层人员尤其是财务负责人可以通过调整收入确认时间点等方式来保证股权激励条件的完成。然而对于高管的监督者来说，更加隐蔽且难以发现的腐败手段是管理层人员通过增加隐性货币薪酬的方式来为自身谋取私利。隐性薪酬的构成主要指的是福利待遇，具体涉及违规发放福利费、餐费、保险金、住房公积金和购房补贴等在职消费问题。

　　内部控制环节的风险评估环节在高管人员所做出具体决策和管理行为时对其进行评估，如果发现具有异常使用管理权力的行为时及时制止。内部控制制度中风险事项的反应和控制会对异常管理行为进行修正，采取预先制定好的改进措施进行风险消除。当企业陷入财务困境时，不同组织之间的信息沟通难度增加，企业内部信息不透明的现象更为凸显，具有异常管理权的高管人员滥用权力的可能性增加并且被发现的难度也会提升，此时通过内部控制制度的信息沟通机制能够提高沟通效率并及时反馈关键信息，消除行使异常 CEO 权力的机会。因此对于处于财务困境的公司而言，科学有效的内部控制能够抑制异常 CEO 权力的负面影响。

第七节 进一步的研究

本章根据 CEO 综合权力细分为结构性权力、所有者权力、声望权力和专家权力，进一步研究不同维度管理层权力、内部控制与财务困境化解之间的关系。高管人员能够对企业产生显著影响力的原因是多方面的。宏观方面上，现代国际间金融风险的传导更加迅速，因此能够显著引起宏观经济的波动，货币政策调整经济社会中流动性的同时会影响企业的投融资政策，此时企业需要具备专业投资和融资知识和技能的人员提前设计好应对措施，在发生具体宏观经济政策变化时采取相应的解决措施，比如调整融资结构、资金投向和资产保值等。行业层面上，产业技术的复杂性和发展程度决定了管理层人员需要具备深厚的技术背景和知识快速更新能力，于是进一步地增加了管理层人员的不可替代性。政府部门和行业协会发布产业政策时有时会对产业内部的企业产生巨大的影响，企业内部的管理层人员需要对历史产业政策十分熟悉，同时对政策的演化方向进行合理预期，及时调整企业的发展策略和投资方向。企业层面上，企业内部的组织结构通常会随着业务规模的上升而变得复杂化，现代计算机和互联网技术的迅速发展会引起企业内部生产经营工作流程、组织结构和信息传导等发生本质变化，在企业内部组织结构、生产技术和工作流程等优化升级的过程中离不开专业管理层人员的智慧贡献和帮助。

根据上文构建的式（6-4）至式（6-6），将解释变量换成不同维度的 CEO 权力，调节变量仍为内部控制水平变量 IC，构建不同维度的 CEO 权力与内部控制水平变量 IC 的交乘项，重点检验各个交乘项的回归系数。表 6-8 汇总了不同维度 CEO 权力、内部控制与财务困境化解概率研究的回归结果，被解释变量为样本在被 ST 后三年内是否能够"摘帽"的虚拟变量 Re。回归结果显示含所有者权力和专家权力的交乘项变量回归系数呈显著正相关，并且所有者权力和专家权力两个变量的回归系数也是呈显著正相关。结果说明对于处于财务困境中的上市公司来说，内部控制有助于促进所有者权力和专家权力提高脱困概率的效果。

表 6-8 不同维度 CEO 权力、内部控制水平与财务困境化解概率研究结果

Var	Re			
IC	0. 0051 ***	0. 0094 ***	0. 0065 ***	0. 0069 ***
	(3. 580)	(4. 716)	(3. 951)	(4. 376)
STR	0. 0059	—	—	—
	(0. 0130)			
STR * IC	0. 0007	—	—	—
	(0. 776)			
OWN	—	0. 987 **	—	—
		(2. 392)		
OWN * IC	—	0. 0022 ***	—	—
		(2. 745)		
REPU	—	—	0. 933 **	—
			(2. 434)	
REPU * IC	—	—	0. 0009	—
			(1. 137)	
EXP	—	—	—	1. 313 ***
				(3. 166)
EXP * IC	—	—	—	0. 0010 *
				(1. 990)
Control	控制	控制	控制	控制
行业	控制	控制	控制	控制
样本数量	184	184	184	184
Pseudo R^2	0. 37	0. 35	0. 35	0. 34

注：*** 、** 、* 分别代表在 1%、5%、10%水平上显著。

表 6-9 汇总了不同维度 CEO 权力、内部控制与脱困所需时间研究的回归结果，被解释变量为样本在被 ST 后脱困所需时间的序列变量 Period，脱困所需时间越短，则该变量的值越大。回归结果显示声望权力和专家权力的交乘项变量回归系数显著正相关，并且声望权力和专家权力两个变量的回归系数也是显著正相关，其他维度 CEO 权力并没有此结论。结果说明对于处于财务困境中的上市公司来说，内部控制有助于促进声望权力和专家权力提高脱困速度的效果。

表 6-9　不同维度 CEO 权力、内部控制水平与脱困所需时间研究结果

变量	Period			
IC	0.00548***	0.00654***	0.00808***	0.00892***
	(3.786)	(4.452)	(4.665)	(5.022)
STR	0.534	—	—	—
	(0.786)			
STR*IC	6.76e−05	—	—	—
	(0.0573)			
OWN	—	0.285	—	—
		(0.546)		
OWN*IC	—	−0.0001	—	—
		(−1.100)		
REPU	—	—	1.604***	—
			(3.184)	
REPU*IC	—	—	0.0020**	—
			(2.197)	
EXP	—	—	—	2.113***
				(4.217)
EXP*IC	—	—	—	0.0024***
				(2.851)
Control	控制	控制	控制	控制
行业	控制	控制	控制	控制
样本数量	184	184	184	184
Pseudo R^2	0.36	0.33	0.32	0.32

注：***、**、*分别代表在 1%、5%、10%水平上显著。

表 6-10 汇总了不同维度 CEO 权力、内部控制与成长能力恢复研究的回归结果，被解释变量为样本在被 ST 后一年的扣非经常性净利润同比增长率 DNNP 和营业利润同比增长率 GROP。回归结果显示当被解释变量为扣非净利润同比增长率时，所有者权力、专家权力和结构性权力的交乘项回归系数显著正相关，声望权力的交乘项并没有此回归结果，当被解释变量为营业收入增长率时，回归结果具有相同的规律。结果说明对于处于财务困境中的上市公司来说，内部控制有助于促进所有者权力和专家权力帮助恢复成长能力的效果。

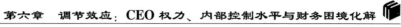

表 6-10 不同维度 CEO 权力、内部控制水平与成长能力恢复研究结果

变量	DNNP				GROP			
IC	4.740***	4.916***	5.155***	7.829***	9.199***	6.440***	4.889**	12.03***
	(3.029)	(3.354)	(3.279)	(4.853)	(4.391)	(3.306)	(2.376)	(5.758)
STR	0.902	—	—	—	−1.971	—	—	—
	(0.853)				(−1.391)			
STR * IC	77.49**	—	—	—	1155*	—	—	—
	(2.124)				(1.978)			
OWN	—	−414.0	—	—	—	−58.22	—	—
		(−0.710)				(−0.0751)			
OWN * IC	—	1.237*	—	—	—	0.754**	—	—
		(1.884)				(2.235)			
REPU	—	—	117.9	—	—	—	7.708	—
			(0.223)				(0.0112)	
REPU * IC	—	—	0.513	—	—	—	1.231	—
			(0.593)				(1.089)	
EXP	—	—	—	197.4	—	—	—	1053
				(0.396)				(1.631)
EXP * IC	—	—	—	0.911*	—	—	—	2.935***
				(1.969)				(2.659)
Constant	558.6	683.2	−618.4	−762.4	−1030	924.2	−96.37	−1698
	(0.487)	(0.636)	(−0.540)	(−0.664)	(−0.670)	(0.647)	(−0.0643)	(−1.143)
Control	控制	控制	控制	控制	控制	控制	控制	控制
行业	控制	控制	控制	控制	控制	控制	控制	控制
样本数量	210	210	210	210	210	210	210	210
Adjusted R^2	0.39	0.38	0.38	0.37	0.17	0.18	0.20	0.21

注：***、**、*分别代表在 1%、5%、10%水平上显著。

第八节　稳健性检验

一、内生性检验

为了检验本章内生性问题构建工具变量 Probit 模型，参照张健华和王鹏

（2012）、王果（2014）和涂瑞（2014）选择工具变量的方法，选取中国市场化指数中的市场中介组织发育和法律制度环境指标作为上市公司内部控制水平的工具变量，变量符号为 LAW。各省份市场中介组织发育和法律制度环境指标的衡量主要包括四个方面，分别是中介组织机构的发展情况、知识产权的保护水平、生产者和消费者合法权益的保护程度（王小鲁等，2019）。构建模型式（6-10）和式（6-11）：

$$IC = \delta + \beta_1 LAW + \cdots + \beta_n x_n + \varepsilon \tag{6-10}$$

$$Re^* = \alpha + \beta_1 IC + \cdots + \beta_n x_n + \varepsilon \tag{6-11}$$

式（6-10）为第一阶段方程，解释变量中不含有内生变量。在式（6-11）中含有内生变量 IC，Re^* 为不可观测的潜变量，Re 为能够观测的虚拟变量。当 Re^* 大于 0 时，则 Re 等于 1，其他情况时 Re 为 0。控制变量为总资产周转率（TAT）、资产负债率（LB）、流动比率（LR）、总资产收益率（ROA）、基本每股收益同比增长率（EPS）、所有权性质（CNT）、广义货币 M2 增长率（MT）、总资产的对数（SIZE）、董事会人数（BOA）和 CEO 是否变更（CHA）。

IV Probit 估计二阶段检验回归结果如表 6-11 所示。从第一阶段的回归结果可以看出，工具变量市场中介组织发育和法律制度环境指标（LAW）与上市公司内部控制指数（IC）在 5% 水平上呈显著正相关。第二阶段回归结果中，Wald 检验结果 p 值为 0.145，变量的内生性并不明显。表 6-11 中 IC 变量的系数为 0.405，同时在表 6-5 中该变量的系数为 0.527，通过对比结果可知一般的 Probit 模型会高估 IC 对企业脱困概率的正向作用。

表 6-11　IV Probit 估计二阶段回归结果

变量	第一阶段	第二阶段
	Y = IC	Y = Re
IC	—	0.405**
		(2.38)
LAW	3.542**	—
	(2.08)	
TAT	-3.877*	0.183***
	(-1.74)	(3.25)

续表

变量	第一阶段	第二阶段
	Y = IC	Y = Re
LB	−1.203 **	−0.442 *
	(−2.43)	(−1.68)
LR	4.634 **	0.023 ***
	(2.33)	(2.84)
ROA	3.536	0.876
	(1.34)	(1.55)
EPS	0.994	2.643
	(1.09)	(1.59)
BOA	−0.967	−0.702
	(−1.39)	(−0.85)
CHA	1.137 *	0.642 **
	(1.69)	(1.93)
CNT	5.624 **	−1.343 *
	(2.23)	(−1.85)
MT	5.745	−2.743 ***
	(0.94)	(−4.41)
SIZE	8.343 ***	0.055 **
	(3.66)	(2.29)
样本数量	206	206
F 值	74.75	—
Adjusted R^2	0.17	—
p−value	—	0.145

注：第一列回归系数下方括号内的数值是经稳健协方差修正后的 t 值，第二列回归系数下方括号内的数值是经异方差调整后的 z 值，*** 、 ** 、 * 分别代表在 1%、5%、10% 水平上显著。

由于模型式中内生变量的数量等于工具变量的数量，所以不需要进行过度识别检验。通过弱工具识别检验内生变量 IC 和工具变量 LAW 的相关性，原假设为"H_0：内生变量 IC 和工具变量不相关"。LR test 和 Wald test 值分别为 15.47 和 23.57，p 值都在 1% 水平上显著，因此拒绝原假设，说明本章检验的工具变量不是弱工具变量。

二、CEO 权力变量的替换检验

本章上文构建的解释变量是 CEO 综合权力变量 Power，该变量是从四个维度进行衡量的，再对这些维度的变量进行使用主成分分析法最终得到 CEO 综合权力的数值。另外，将衡量 CEO 权力的四个维度数值进行等权重相加，得到等权重的 CEO 综合权力变量 Power B（傅颖等，2014；谭庆美等，2015；胡明霞、干胜道，2015），使用该变量再次代入模型进行回归，回归结果汇总如表 6-12 所示。

表 6-12 CEO 综合权力、内部控制水平与财务困境化解稳健性检验

变量	Re	Period	DNNP	GROP	JYJ
PowerB	0.483***	0.607***	−215.9	272.4	107.7*
	(2.818)	(2.868)	(−0.984)	(0.924)	(1.664)
IC	0.00617***	0.00662***	4.107***	7.579***	0.245
	(3.957)	(4.330)	(3.050)	(4.190)	(0.617)
Power B * IC	0.0003***	0.0005*	0.611*	0.283**	−0.188
	(2.785)	(1.972)	(1.834)	(2.431)	(−1.015)
Control	控制	控制	控制	控制	控制
行业	控制	控制	控制	控制	控制
样本数量	184	184	210	210	210
Pseudo R²/ Adjusted R²	0.329	0.299	0.392	0.173	0.288

注：前两列回归系数下方括号内的数值是经稳健协方差修正后的 z 值，后三列回归系数下方括号内的数值是经异方差调整后的 t 值，***、**、* 分别代表在 1%、5%、10%水平上显著。

汇总的回归结果显示，当被解释变量为公司是否化解财务困境的虚拟变量（Re）、财务困境化解期限（Period）、营业利润同比增长率（GROP）和扣除非经常性损益净利润同比增长率（DNNP）时，等权重 CEO 综合权力与内部控制水平的交乘项（Power B * IC）回归系数显著为正，这与上文的回归结果相同。

拥有异常权力的高管人员能够使用获得非货币薪酬的方式进行在职消费等方

式来获取私利，稳健性检验中使用间接法将上市公司财务报表中披露的管理费用扣除与管理层在职消费不相关项目后的余额再取自然对数作为衡量指标 ECUM（白重恩等，2005；权小锋等，2010），被扣除的项目包括董事会成员和监事会成员等高级管理人员的薪酬总和、应收账款坏账准备、存货跌价准备和无形资产摊销。将新构建的衡量异常 CEO 权力的变量 ECUM 替换原变量（ABP）代入相关模型进行回归，回归结果汇总如表 6-13 所示，相关变量回归结果与上文结果相同。

表 6-13　异常 CEO 权力、内部控制水平与财务困境化解稳健性检验

变量	Re	Period	DNNP	GROP	JYJ
ECUM	-0.770	-1.561*	3,612***	-10,090***	-413.2*
	(-0.929)	(-1.662)	(3.768)	(-3.862)	(-1.816)
IC	0.0069***	0.0050**	10.40***	11.52**	0.448
	(2.843)	(2.346)	(7.967)	(2.091)	(0.933)
ECUM*IC	0.0024*	0.0013*	14.49***	23.31**	0.635
	(1.983)	(1.837)	(4.989)	(2.094)	(0.655)
Control	控制	控制	控制	控制	控制
行业	控制	控制	控制	控制	控制
样本数量	184	184	210	190	190
Pseudo R^2/ Adjusted R^2	0.311	0.298	0.446	0.259	0.198

注：前两列回归系数下方括号内的数值是经稳健协方差修正后的 z 值，后三列回归系数下方括号内的数值是经异方差调整后的 t 值，***、**、*分别代表在 1%、5%、10%水平上显著。

第七章　结论与政策建议

第一节　研究结论

一、不同类型的 CEO 权力对财务困境化解的影响效果不同

本书基于 Finkestein（1992）提出的管理权力四维度来源的理论模型，从结构性权力、所有者权力、声望权力和专家权力四个方面综合构建了 CEO 综合权力，另外又使用回归残差法构建了异常 CEO 权力，共量化出六个类型的 CEO 权力。在第四章中本书使用不同类型的 CEO 权力变量作为解释变量，将衡量企业财务困境化解水平的指标作为被解释变量，建立相关模型后实证研究了不同类型的 CEO 权力对财务困境化解的影响效果。

本书实证研究结果表明，对于处于财务困境的上市公司来说，CEO 综合权力有助于公司财务困境的化解。具体表现为对于实施特别处理（ST）的上市公司而言，CEO 综合权力越大上市公司化解财务困境的概率越大，公司化解财务困境的速度越快，并且 CEO 综合权力与上市公司成长能力的恢复水平正相关。当异常 CEO 权力作为解释变量时，对于实施特别处理的上市公司而言，异常 CEO 权力越大，上市公司化解财务困境的概率越小，公司化解财务困境的速度越慢越不利于上市公司成长能力的恢复。

进一步地，按照来源的不同将 CEO 权力划分为结构性权力、所有者权力、声望权力和专家权力，并依次代入模型进行回归。研究结果表明，结构性权力有助于提高公司化解财务困境的速度和成长能力；所有者权力抑制了公司化解财务困境的速度，也不利于经营活动产生现金流净额同比增长；声望权力能够增加处于财务困境企业脱困的可能性，能够加快企业化解财务困境的速度，同时提高经营活动产生现金流净额同比增长率；专家权力能够对财务困境化解的多个方面起到积极作用。

处于财务困境状态的公司和处于正常经营状态的公司相比在多个方面存在差异。正常经营的公司可以保持目前生产、运营、组织结构、投融资和研发等计划，但是当公司陷入财务困境之后，短期的经营目标转变为困境化解，原来的经营计划会发生相应的改变，包括生产计划、公司组织结构、投融资规划和成本支出等。选择与处于困境状态的公司同甘共苦的高管人员，更多关心的是自身管理价值的实现。在这种状态下，管家理论比代理理论更加适用于相关问题的解释。根据管家理论，处于财务困境公司的高管人员的工作动机是积极向上的，其工作目标与企业经营目标趋于一致。但是，高管人员拥有的权力仍是过犹不及，异常高的管理权力仍然会对公司脱困产生不利影响。所以根据本书得出的结论，公司的权力授予机构应该有针对性地加强对脱困有益的权力，例如结构性权力、专家权力和声望权力。

二、全要素生产率在 CEO 权力的影响中起到中介作用

全要素生产率这一指标衡量了除经济组织投入的生产要素以外因素的生产效率，生产要素投入以外的因素包括科学技术的进步情况、组织结构优化和管理创新等，所以全要素生产率提升的因素理论上也有助于企业化解财务困境。CEO 综合权力有助于提高企业内部的管理水平、制度创新程度和流程优化效率等，也就是说有助于提高企业的全要素生产率。

按照中介效应的研究步骤，第一步将 CEO 综合权力和异常 CEO 权力作为解释变量，将全要素生产率作为被解释变量，研究结果表明对于处于财务困境的上市公司，企业 CEO 综合权力有助于提高全要素生产率，而异常 CEO 权力抑制企业全要素生产率的提高。CEO 综合权力是管理层人员来自公司内部组织结构、所

有权、声望和专家能力等方面权力的汇集，根据 CEO 综合权力的来源可以看出这些方面都具有积极的因素。例如专家权力的来源是 CEO 通过利用自身专业技能、工作经验和职业判断等，这些专业能力能够帮助公司在战略制定和生产经营的过程中取得积极的效果。异常 CEO 权力指的是 CEO 人员拥有的在正常管理权限以外的权力，异常 CEO 权力的经济后果通常是高管人员滥用异常权力，通过影响公司薪酬制定、经营活动进程和财务流程等来为自身谋求私利。异常 CEO 权力的一种负面影响是高管人员具有侵占公司资产的动机和机会，并且管理层人员可能具有多种隐蔽方式去侵占公司资产。

检验中介效应的第二步是将全要素生产率作为解释变量，将衡量财务困境化解水平的变量作为被解释变量。研究表明对于处于财务困境的上市公司来说，全要素生产率的提高有助于增加公司化解财务困境的可能性，能够加快企业化解财务困境的速度，同时有助于通过提高扣除非经常性损益净利润同比增长率和营业利润同比增长率来增强公司的成长能力。CEO 制度作为公司治理进程中的一项重要制度创新，为公司提供了全要素生产率提高的来源，建立完善公司治理制度的目的不是表面的制衡约束，而是为公司的科学决策提供保证和途径，合理高效的公司经营决策是公司发展的核心要素。企业全要素生产率的提高包含了行业技术进步、生产效率提升、管理制度创新和社会体制优化等给企业经营效率提高带来的贡献，这些积极效果能够帮助处于财务困境的企业从多方面改善经营成果。

检验中介效应的最后一步是将 CEO 权力和全要素生产率都作为解释变量，将衡量财务困境化解水平的变量作为被解释变量。实证结果表明当 CEO 综合权力和全要素生产率作为解释变量时回归系数都是正数，再综合第一步和第二步的检验结果可知对于处于财务困境的上市公司来说，CEO 综合权力能够部分通过提高全要素生产率来帮助企业进行财务困境化解。

三、企业内部控制水平能够调节 CEO 权力的影响效果

内部控制是上市公司在正常生产经营过程中设置的自我约束和监督的控制制度，内部控制制度的重要性随着企业经营规模的扩张而增加，目前内部控制制度的建设已经成为保障企业正常经营的关键因素之一。内部控制制度对企业自身和相关利益方有着多方面的积极因素，通过理论分析可知企业内部控制对 CEO 权

力影响财务困境化解的效果起到调节作用。

研究发现，首先对于处于财务困境的上市公司，内部控制水平提高有助于财务困境化解。其次，企业内部控制会增强 CEO 综合权力帮助企业进行财务困境化解的效果，同时企业内部控制会减弱异常 CEO 权力对财务困境化解的负面影响。企业内部的经营策略执行机制包括组织结构、管理控制、人力资源管理和企业文化管理等。上市公司内部的组织控制能够在经营策略规划、策略实施与执行、活动控制和监督等环节提供整体的框架，公司组织结构构建的合理性是影响内部控制有效性和经营成果的重要因素。企业内部组织结构设计的重要内容是界定不同员工在生产经营过程中的权利与责任，同时构建科学合理的权力沟通机制。具有高经营效率的企业有着科学合理的职位层级安排，不同职位层级之间还有着顺畅的沟通机制，企业内不同的结构和功能体系综合构成整体合作框架。组织结构和管理层级的安排配合会合理界定高管人员和普通员工的权利范围，能够在企业遇到经营等意外问题时争取到主动权，也会影响企业关键人员的专业技能和工作经验，最后在很大程度上会决定企业员工的资源分配和薪酬激励。高管人员通过影响企业内部其他员工经营行为已达到经营战略目标的过程称为管理控制，管理控制活动的主要目的是实施企业战略并最终完成战略目标。

在第六章进一步的研究中，将 CEO 综合权力细分为结构性权力、所有者权力、声望权力和专家权力，进一步研究不同维度管理层权力、内部控制与财务困境化解之间的关系。研究结果发现，对于处于财务困境中的上市公司来说，内部控制有助于促进所有者权力和专家权力提高脱困概率的效果；内部控制有助于促进声望权力和专家权力提高脱困速度的效果；内部控制有助于降低所有者权力对公司成长能力的负面影响。CEO 能够对企业产生显著影响力的原因是多方面的。行业层面上，产业技术的复杂性和发展程度决定了高管人员需要具备深厚的技术背景和知识快速更新的能力，于是进一步增加了高管人员的不可替代性。政府部门和行业协会发布产业政策时有时会对产业内部的企业产生巨大的影响，企业内部的高管人员需要对历史产业政策十分熟悉，同时对政策的演化方向进行合理预期，及时调整企业发展策略和投资方向。企业层面上，企业内部的组织结构通常会随着业务规模的上升而变得复杂化，现代计算机和互联网技术的迅速发展会引起企业内部生产经营工作流程、组织结构和信息传导等发生本质变化，在企业内部组织结构、生产技术和工作流程等优化升级的过程中离不开专业高管人员的智慧贡献和帮助。

第二节　政策与建议

一、企业需要针对不同类型的 CEO 权力进行加强或监督

根据本书得出的结论 CEO 综合权力有助于帮助企业进行财务困境化解，而异常 CEO 权力却不利于企业进行财务困境化解。另外，将 CEO 综合权力进行进一步细分后，发现结构性权力、声望权力和专家权力有利于财务困境化解，而所有者权力抑制了公司化解财务困境的速度，也不利于经营活动产生现金流净额同比增长。所以，对于处于财务困境的企业来说，股东大会和董事会等权力机构可以有针对性地强化有益于财务困境化解的高管权力，同时对不利于困境恢复的权力进行更加严格的监督。

强化结构性权力的途径主要是优化公司组织结构、优化高管人员的权力和职责等。注重对高管人员声望和行业影响力的提升，例如积极参与和组织行业协会举办的各种会议，可以令本公司作为主办方来邀请本行业的资深人士为产业链联盟企业高管做讲座，逐渐提升本公司高管在行业内的话语权。另外注重高管人员的内部培养，在高管考核体系中加大对专业技术知识和学习经历的权重。

限制 CEO 所有者权力的方法可以是设定更加严格和明确的股权激励机制，明确高管所持股权的出售条件，例如需要在公司的业绩达到某种程度时才可以减持本公司的股份。不同管理层人员掌握决策权的水平是有差异的，部分高级管理层人员掌握着按照个人意志进行决策的权力，而部分管理层人员没有个人决策的权力，只有根据上级的决策内容进行人员组织、流程安排、协调组织和部分监督控制的权力。如果管理层人员无法对决策内容进行显著的影响，还能够通过调整决策程序等将决策的方向尽可能地按照自身的意愿发展，比如添加对自身有利和搁置对自身不利的议题、缩短对于自身不利和延长对自身有利议题的讨论时

间等。

高管人员权力伴随着领导和监督，领导行为是在组织体系中上级对下级进行指挥、指导和下达命令，以此使得普通员工按照高管人员的意愿进行工作。监督是相关责任人员根据法规和企业规章制度的内容进行贯彻、审查、评估和干预纠正的行为。领导管理行为主要来源于上级管理层人员的主观判断和执行效力，预设的客观前提是企业面临的宏观和行业环境、自身资源和战略规划等。监督行为的预设前提更为清晰和确定，重点在于强制执行的效果。企业内部的公司治理机制需要平衡多方利益相关者的利益和关系，内部的权力组织结构重点包括股东大会、董事会和管理层人员，核心利益相关者的利益平衡关系决定了整个企业战略发展方向和计划目标的完成情况。股东作为经营资本的提供者和最终风险的承担者为管理层人员提供了施展管理能力的平台，高管人员利用企业所提供的各种资源和平台执行战略计划和实施管理行为，同时承担起企业运营的部分责任。企业科学的治理机制需要明确核心利益相关者的权力、义务、责任和关系，建立恰当的委托人和代理人之间的监督与激励相容机制，这也是提高企业整体战略制定能力、执行能力、优化能力和价值创造能力的重要基础。

二、使用工业互联网和云计算等技术提高企业全要素生产率

全要素生产率的提高有助于企业进行财务困境化解，而利用相关领域的科学技术进步能够高效地提高企业的生产和管理水平。在智能时代中，大数据是生产原材料，云计算是生产能源，人工智能技术是生产力。

国内提出通过提高制造业技术含量来巩固世界范围内制造业大国的地位，增强创新能力，使国内制造技术和产业体系具有引领创新的能力。想要实现上述目标实现制造业产业升级，需要大力发展工业互联网这一先进技术。工业互联网将资源、数据和人连接起来，这将是高级数据分析计算、传感技术、互联网和工业系统的深度结合。工业互联网的发展离不开公司业务流程管理和现场作业的互联管理，即 ERP（企业资源管理计划）和 MES（制造执行系统）的相互融合对接。基于 SaaS 模式的财务云 ERP 可以实现跨企业、跨平台和跨设备的互通互联，打通上下游产业链资源配置规划，应对工业级的数据处理工作。工业互联网的三大构成要素体系是数据平台、连接网络和安全系统，其中数据平台最为核心，工业

互联网本质上是基于产业链中海量数据的搜集汇总、分析处理和决策支持的一整套企业运营控制和服务系统；连接网络是基础设施，作用是连接工作人员、原材料、车间设备、产品、经销商和供应商等，打通企业内部和外部的采购、研发、生产、运营、销售和运输等各个环节；安全系统为整个工业互联网体系提供保障，安全内容涉及的范围有数据信息安全、硬件软件设备安全、网络传输安全、技术研发安全和公关舆论等。

人工智能技术正在改变着经济生活中的各行各业，其中财务管理领域将会受到更为深远的影响。财务管理本身就是智力密集型的工作，其中包含低专业能力要求的流程化的工作，也包括需要高专业判断能力的决策管理工作，前者受到人工智能技术的冲击最大，相关的工作岗位也在迅速消失，后者岗位中的工作人员目前不会被完全替代，但也必须要有危机意识，需要做到使人工智能技术为我所用。将人工智能技术和财务管理活动相结合的领域可以称为是智能财务，目前尚未有统一的概念定义，但是相关的变革已经是暗潮汹涌。在智能时代财务组织机构也会发生相应变革，新组织的特点是将会与人工智能技术、大数据、云计算和区块链等进行充分融合和协同发展。新的财务组织结构中需要具有对财务数据进行获取、存储和维护的数据运营小组，同时需要能够利用大数据和人工智能技术进行财务建模、风险管理、智能预算的专业团队。机器学习算法可以将以前难以处理的非结构化数据自动识别转化成结构化数据，可以使得信息分析的范围更加全面，此时再利用机器学习算法发现影响公司财务风险的因素。不过，此时算法只是发现其中的相关性和潜在规律，并不能得知其中的联系逻辑，如果想要进行进一步探索其中的内在逻辑还需要专业财务人员进行有针对性的分析。人工智能、大数据和云计算技术在企业预算管理领域更是大有可为。财务预算基于历史数据进行分析预测，同时结合市场上的热门产品变化趋势和同业竞争对手发展情况进行预判，由此实现更加科学合理的资源分配工作。

如果说会计电算化引起了财务领域中的第一次变革，那么财务共享又是财务领域的第二次变革，现在处于智能时代的财务工作又将会迎来第三次变革，这次变革会同时受到人工智能技术和云计算服务等多重影响，综合起来可以称之为"智能云财务"革命。云服务公司提供的产品通常认为可以分为三类，分别是IaaS（Infrastructure-as-a-Service，基础设施即服务）、PaaS（Platform-as-a-Service，平台即服务）和 SaaS（Software-as-a-Service，软件即服务）。IaaS 提供出租大型场外服务器、存储器和网络硬件等服务，可以节省公司高额的大型硬件和场地存放支出。PaaS 为企业提供了应用开发平台服务，具体包括 Web 应用管理、软件设计、软件虚拟主机、存储和信息安全等相关的协作开发工具等。SaaS 的服务可以使得用户自身不需要安装软件，直接使用安装在云端的软件产品，同时也可以提供更加灵活和丰富的特有功能和使用场景。以 SaaS 提供软件的方式比传统购买软件的方式有几大优点：一是企业软件支出成本大幅降低，传统方式是一次性购买具备全部或部分功能的软件，然后每年再支付一定的维护费用，而 Saas 模式只需要在使用期间支付少量租用费用，软件成本支出的大幅减少也显著降低了中小企业实施管理信息化的门槛，同时降低了固定资产的投资风险，进而提高经营效率；二是软件性能反馈和优化更加及时，SaaS 软件的提供商实时在云端对软件进行维护和优化，不需要客户再一次次地更新软件，开发商和用户之间的长期合作关系为软件性能的优化升级提供了保障；三是软件提供商的知识产权可以得到更好的保障，由于软件不需要进行下载安装包后的安装过程，所以软件的底层代码不会泄露，使得盗版难度大大增加，客户支付软件使用费的大幅降低也极大地压缩了盗版商的生存空间。

智能云财务系统中的数据安全性和保密性是提供商持续关注的重点问题，用户的数据资料存储在服务商的存储器中，只有完全打消了客户对信息安全的顾虑，云计算服务才能顺利地发展。云计算服务商需要保证客户的数据信息的访问行为必须经过恰当授权，主要可以通过对称和非对称加密算法进行密码长度和复杂度管理。对客户数据完整度进行管理的工具有信息认证码和数据签名等，信息认证码通过对称密钥提供附加数据的检验和（Checksum），数据签名则利用了数值摘要和非对称密钥加密技术。由此，相关计算机、互联网和新能源等领域的科技进步能够从多个方面促进企业全要素生产率的提高。

三、提高企业内部控制水平并适当监督 CEO 权力的行使

内部控制的措施包括不同职能岗位的职责分离、控制管理层授权、批准流程监督、预算管理、财产保护和财务会计系统设计和控制等。其中在财务系统内部控制领域中，由于研究内容的特点决定了人工智能算法有着广大的施展空间。财

务系统领域的控制研究特点通常有：第一，研究主要基于历史数据，目前财务研究数据也呈现出分布广泛和爆炸性增长等特点，人工智能理论算法在计算机、互联网和大数据等科学技术大力发展的支持下具有了收集、处理和分析财务数据的优势，同时也提高了研究的科学性、规范性和可信赖性；第二，财务决策遵循一定的规律或标准，财务学的研究通常是在历史数据中发现和探索财务活动中蕴含的规律，然后财务学者提出研究结论和专业人员做出财务决策时都必须要依照一定的标准，这些财务研究结论和决策标准通常都是需要进行量化和数理推导支持的，否则不能够体现科学研究中基本的严谨性原则，既然财务研究结论和决策标准是可以进行量化的，那么绝大部分的分析、处理、总结和预测工作可以交给具有人工智能算法的财务机器人完成，但是需要有专业的财务研究人员进行必要的监督和调整。

企业内控制度中可以使用的人工智能算法按照研究数据是否有标签可以分为有监督的学习、无监督的学习和强化学习（也称为半监督学习）。有监督的学习包含的算法有线性回归、逻辑回归算法、决策树算法、各种神经网络算法、K近邻算法、朴素贝叶斯算法、支持向量机算法（SVM）、集成学习算法等。无监督的学习主要是解决聚类的问题，具体算法有主成分分析法（PCA）、混合高斯模型（GMM）、奇异值分解算法（SVD）、独立成分分析算法（ICA）、K-means算法等。强化学习的算法有协同训练（Co-Training）、转导支持向量机（TSVM）、最小割法（Mincut）和调和函数法（Harmonic Function）等。人工智能技术几乎可以应用到商业公司各个经营活动内部控制过程中去，比如生产环节原材料的采购、投放和生产产品计划，销售环节中对于潜在客户的寻找和客户需求的预测，投资扩展环节中融资活动、投资项目盈利分析和未来现金流预测等。人工智能技术已经在金融服务领域的财务决策和内部控制环节得到了重要应用，并且正在蓬勃发展。人工智能技术在金融服务中具有自身优势，主要体现在大量复杂数据处理分析工作中。对于银行业来说主要的利润来源是贷款业务，而贷款业务中的核心工作是事前和事中的风险控制程序。事前风险控制主要是指贷款客户的偿债能力风险评估工作，对于个人客户来说主要是评估抵押品的价值变动情况、收入水平、负债水平和贷款用途等；对于企业客户需要评估的内容就会相对更多一些，涉及各项流动性指标和负债率水平等。对于消费信贷风险控制这一业务，利用大数据和人工智能算法的互联网公司从传统银行业手中大幅攻城略地，普通消费者可以足不出户地获得一张虚拟信用卡，这种商业模式在相关科学技术没有发展之前是无法想象的。

财务金融领域中另一个充分利用人工智能技术的是投资风险控制，智能投顾指的是在机构投资业务中利用人工智能算法进行大数据分析和量化投资，对客户的投资风险承受水平、投资风格偏好、收入变动情况、个人负债情况和期望投资收益等方面进行充分全面的分析，由此对客户提供具有个性化、多元化和智能化的理财产品服务。具体来说，财富管理机构可提供的智能化理财服务包括股票、债券、期权、期货、基金、不动产和艺术品等方面的投资。智能财富管理行业和其他传统行业的一个共同点是将产品的供给最大限度地匹配客户需求时，就能够取得显著的成功。另外，客户接受财富管理服务的场所从机构营业厅或者银行柜台转移到了以手机为代表的移动终端，随时随地的业务办理和理财信息的实时传递大大节省了客户的时间成本，显著地提高了客户体验，由此产生了快速扩大客户群体的良性循环。对于资产管理人员来说，人工智能和大数据技术的迅速发展可以大大提高资产管理水平，比如实现了全天候的信息监控和复杂数据模型的运算处理。但是，在内部控制领域使用新技术手段的核心还是以人为本。内部控制与风险管理的专业人士设计了控制方法、选择了研究样本、制定了评价控制活动的规则和总结了控制结论，所以相关研究的核心还是在于人。

内部控制能够对高管人员行使权力起到很好的监督和控制作用，但是也要将监督程度控制在适当范围中。监督高管人员程度的衡量标准需要动态评估，不仅需要董事会等决策机构参与其中，也要与高管人员保持信息的沟通，理想的监督程度能够为企业的高效率经营和经营战略目标的实现提供保障。

第三节　未来的研究方向

本书通过对 CEO 权力和财务困境化解相关文献进行梳理和分析后发现了一些可改进的研究方向，包括需要对 CEO 权力的量化进一步分类、对理论研究的出发点进行丰富和从管理层权力的视角进行财务困境化解的研究。在找到相关研究需要改进的方向之后，本书展开了 CEO 权力对财务困境化解影响的研究，将 CEO 权力进行了细分，具体包括 CEO 综合权力、异常 CEO 权力、结构性权力、所有者权力、声望权力和专家权力。根据研究的结果可知，CEO 权力的理论基础除了委托代理理论以外，在以处于财务困境状态的企业作为研究样本时，管理理论的研究内容能够解释相应的结果。今后在 CEO 权力和财务困境化解的相关学术研究中还有一些方向需要加强。

第一，研究不同类型 CEO 权力之间的关系。目前，学术界关于 CEO 权力的量化组合研究还是主要基于 Finkelstein（1992）所提出的四维度综合量化法，其中也对不同维度权力的典型量化方式进行了举例，比如能够体现结构性权力的变量有高级管理层人员中具有高级职称的比例、高管目前的薪酬水平和高管职务头衔的数量等。但是相关文献并没有对四种维度权力之间的关系进行研究描述，这些权力之间是否具有互补或者是排斥的影响效果？这些管理层权力的效力是否会发生动态的变化？不同的管理层权力研究文献之间缺少一贯性，这也降低了不同相关研究之间的可对比性，这些与管理层权力相关的研究方向需要进一步地强化。

第二，深化企业财务困境化解的内部影响因素研究。企业无法控制经营过程中所遇到的外部影响因素，但是能够在外部影响因素的出现进行提前预测、建立防御方案和调整战略规划等，企业能够采取的这些应对措施都是主动性和内部性的。只有将未来发展的主动权掌握在企业自己手里时，才能在外部经济、行业和竞争者的负面冲击来临时进行防御甚至反击，所以对企业财务困境化解的内部影响因素研究具有重要的实践意义和理论意义。

参考文献

[1] Adizes I. Corporate Lifecycles: How and Why Corporations Grow and Die and What to Do about It [M]. Business & Professional Division, 1988.

[2] Aharony J, Jones C P, Swary I. An Analysis of Risk and Return Characteristics of Corporate Bankruptcy Using Capital Market Data [J]. Journal of Finance, 1980, 35 (4): 1001-1016.

[3] Alchian A A, Demsetz H. The Property Right Paradigm [J]. Journal of Economic History, 1973, 33 (1): 16-27.

[4] Allen M P. Managerial Power and Tenure in the Large Corporation [J]. Social Forces, 1981, 60 (2): 482-494.

[5] Altman E I. Financial Ratios, Discriminant Analysis and the Prediction of Corporate Bankruptcy [J]. Journal of Finance, 1968, 23 (4): 589-609.

[6] Aretz K, Shackleton M B. Omitted Debt Risk, Financial Distress and the Cross-section of Expected Equity Returns [J]. Journal of Banking & Finance, 2011, 35 (5): 1213-1227.

[7] Baker E S. Ethical Dilemmas Faced by Presidents of Small, Private Colleges During Organizational Recovery from Financial Distress [M]. Ann Arbor: PrQuest LLC, 2013.

[8] Baron R M, Kenny D A. The Moderator-mediator Variable Distinction in Social Psychological Research: Conceptual, Strategic, and Statistical Considerations [J]. Journal of Personality and Social Psychology, 1986, 51 (6): 1173-1182.

[9] Beaver W H. Financial Ratios As Predictors of Failure [J] . Journal of Accounting Research, 1966, 4 (1): 71-111.

[10] Bebchuk L A, Cremers K J M, Peyer U C. The CEO Pay slice [J]. Social Science Electronic Publishing, 2011, 102 (1): 199-221.

[11] Bebchuk L A, Fried J M, Walker D I. Managerial Power and Rent Extraction in the Design of Executive Compensation [J] . University of Chicago Law Review, 2002 (69): 751-846.

[12] Bebchuk L A, Fried J M. Pay Without Performance: The Unfulfilled Promise of Executive Compensation [M] . Cambridge, MA: Harvard University Press, 2004.

[13] Beck M, Germann J. Managerial Power in the German Model: The Case of Bertelsmann and the Antecedents of Neoliberalism [J] . Globalizations, 2019, 16 (3): 260-273.

[14] Birkelund G E, Sandnes T. Paradoxes of Welfare States and Equal Opportunities: Gender and Managerial Power in Norway and the USA [J] . Comparative Social Research, 2003, 21: 203-242.

[15] Blazy R, Chopard B, Fimayer A, et al. Financial versus Social Efficiency of Corporate Bankruptcy Law: the French Dilemma? [J] . Economic Review, 2007, 41: 475-485.

[16] Borokhovich K A, Parrino R, Trapani T. Outside Directors and CEO Selection [J] . Journal of Financial & Quantitative Analysis, 1996, 31 (3): 337-355.

[17] Bourguignon F. Pareto Superiority of Unegalitarian Equilibria in Stiglitz' Model of Wealth Distribution with Convex Saving Function [J] . Econometrica, 1981, 49 (6): 1469-1475.

[18] Boyd B K. Board Control and CEO Compensation [J] . Strategic Management Journal, 1994, 15 (5): 335-344.

[19] Bugeja M, Matolcsy Z, Spiropoulos H. The CEO Pay slice: Managerial Power or Efficient Contracting? Some Indirect Evidence [J] . Journal of Contemporary Accounting & Economics, 2017, 13 (1): 69-87.

[20] Chen J, Ezzamel M, Cai Z. Managerial Power Theory, Tournament Theo-

ry, and Executive Pay in China [J] . Journal of Corporate Finance, 2011, 17 (4): 1176-1199.

[21] Chen J J. Determinants of Capital Structure of Chinese – listed Companies [J] . Journal of Business Research, 2004, 57 (12): 1341-1351.

[22] Citron D, Wright M, Ball R, et al. Secured Creditor Recovery Rates from Management Buy – outs in Distress [J] . European Financial Management, 2003, 9 (2): 141-161.

[23] Claessens S, Perotti E. Finance and Inequality: Channels and Evidence [J] . Journal of comparative Economics, 2007, 35 (4): 748-773.

[24] Coase R H. The Nature of the Firm [J] . Economica, 1937, 4 (16): 386-405.

[25] Coleman P T. Implicit Theories of Organizational Power and Priming Effects on Managerial Powerlogharing Decisions: An Experimental Study1 [J] . Journal of Applied Social Psychology, 2004, 34 (2): 297-321.

[26] Cook G, Pond K. Financial Distress, Corporate Control, And Management Turnover: A German Panel Analysis [J] . Financial Distress Corporate Restructuring & Firm Survival, 2007: 25-70.

[27] Cressy R, Farag H. Do Private Equity–backed Buyouts Respond Better to Financial Distress than PLCs? [J] . The European Journal of Finance, 2012, 18 (3-4): 239-259.

[28] Crystal G S. Why CEO Compensation Is So High [J] . California Management Review, 1991, 34 (1): 9-29.

[29] Das S, Leclere M J. The Survival of Marginally – Distressed Firms: Evidence on the Duration of Turnaround [J] . SSRN Electronic Journal, 2003 (481342) .

[30] Davis J H, Schoorman F D, Donaldson L. Davis, Schoorman, and Donaldson Reply: The Distinctiveness of Agency Theory and Stewardship Theory [J] . Academy of Management. The Academy of Management Review, 1997, 22 (3): 611.

[31] Davis J L, Greg Bell R, Tyge Payne G, et al. Entrepreneurial Orientation and Firm Performance: The Moderating Role of Managerial Power [J] . American Journal of Business, 2010, 25 (2): 41-54.

[32] Dorff M B. Does One Hand Wash the Other? Testing the Managerial Power and Optimal Contracting Hypotheses of Executive Compensation [J] . Journal of Corporation Law, 2005, 30 (2): 255.

[33] Faulkender Michael, and Wang Rong Corporate Financial Policy and the Value of Cash [J] . The Journal of Finance, 2006, 61 (4): 1957-1990.

[34] Fehr E, Hart O, Zehnder C. Contracts, Reference Points, and Competition—Behavioral Effects of the Fundamental Transformation [J] . Journal of the European Economic Association, 2009, 7 (2-3): 561-572.

[35] Ferris S P, Kim K A, Kitsabunnarat P, et al. Managerial Power in the Design of Executive Compensation: Evidence from Japan [J] . Advances in Financial Economics, 2007, 12 (7): 3-26.

[36] Fiedler F E. A Contingency Model of Leadership Effectiveness [M] //Advances in Experimental Social Psychology. Academic Press, 1964: 149-190.

[37] Finkelstein S. Managerial Discretion: A Bridge Between Polar Views of Organizational Outcomes [J] . Research in Organizational Behavior, 1987, 9 (4): 369-406.

[38] Finkelstein S. Power in Top Management Teams: Dimensions, Measurement, and Validation [J] . The Academy of Management Journal, 1992, 35 (3): 505-538.

[39] Fink G R, Boeke J D, Garfinkel D J. The Mechanism and Consequences of Retrotransposition [J] . Trends in Genetics, 1986, 2: 118-123.

[40] Fitzpatrick P J. A Comparison of Ratios of Successful Industrial Enterprises with Those of Failed Firms [J] . Certified Public Account, 1932, 23 (8): 57-65.

[41] Fracassi C. , Tate G A. External Networking and Internal Firm Governance [J] . The Journal of Finance, 2012, 67 (1): 153-194.

[42] Freeman R E. Strategic Management: A Stakeholder Approach [M]. Bos-

ton, MA: Pitman, 1984.

[43] Frey B S, Kucher M. Managerial Power and Compensation [Z]. IEW-Working Papers, 1999.

[44] Friedmann E A, Havighurst R J. Work and Retirement [J]. Man, Work, and Society, 1962: 41-55.

[45] Garlappi L, Yan H. Financial Distress and the Cross Section of Equity Returns [J]. Journal of Finance, 2011, 66 (3): 789-822.

[46] Garlappi L, Yan H. Financial Distress and the Cross Section of Equity Returns [C]. NBER Asset Pricing Program Meeting, 2007.

[47] Gestel T V, Baesens B, Suykens J A K, et al. Bayesian Kernel Based Classification for Financial Distress Detection [J]. European Journal of Operational Research, 2006, 172 (3): 979-1003.

[48] Gilson S C. Management Turnover and Financial Distress [J]. Journal of Financial Economics, 2006, 25 (2): 241-262.

[49] Gioia D A, Sims H P. Perceptions of Managerial Power as a Consequence of Managerial Behavior and Reputation [J]. Journal of Management, 1983, 9 (1): 7-24.

[50] Glaser M, Lopez-De-Silanes F, Sautner Z. Opening the Black Box: Internal Capital Markets and Managerial Power [J]. The Journal of Finance, 2013, 68 (4): 1577-1631.

[51] Grossman S J, Hart O D. The Costs and Benefits of Ownership: A Theory of Vertical and Lateral Integration [J]. Journal of Political Economy, 1986, 94 (4): 691-719.

[52] Gumbel A. Managerial Power and Executive Pay [J]. Oxford Journal of Legal Studies, 2006, 26 (1): 219-233.

[53] Hackbarth D, Haselmann R F H, Schoenherr D. Financial Distress, Stock Returns, and the 1978 Bankruptcy Reform Act [J]. Social Science Electronic Publishing, 2011, 28 (6): 1810-1847.

[54] Hart D K. Contract Formation and the Entrenchment of Power [J]. Loyola

Law Journad: School of Law, 2009, 41: 175-218.

[55] Hart O, Moore J. Property Rights and the Nature of the Firm [J]. Journal of Political Economy, 1990, 98 (6): 1119-1158.

[56] Hart O. Corporate Governance: Some Theory and Implications [J]. The Economic Journal, 1995, 105 (430): 678-689.

[57] He Lifen, Zhu Xueyi, Wang Chuanbin. Internal Control Quality and Financial Distress Recovery—Based on the ST Companies of A Shares on the Shanghai and Shenzhen Stock Markets during 2007-2011 [J]. Economic Survey, 2014, 31 (1): 118-123.

[58] Hermalin B E, Weisbach M S. The Effects of Board Composition and Direct Incentives on Firm Performance [J]. Financial Management, 1991, 20 (4): 101-112.

[59] Higgins D, Toms S. Financial Distress, Corporate Borrowing, and Industrial Decline: The Lancashire Cotton Spinning Industry, 1918-1938 [J]. Accounting, Business & Financial History, 2003, 13 (2): 207-232.

[60] Hill M S, Lopez T J, Reitenga A L. CEO Excess Compensation: The Impact of firm Size and Managerial Power [J]. Advances in Accounting, 2016, 33 (C): 35-46.

[61] Hirokawa R Y, Kodama R A, Harper N L. Impact of Managerial Power on Persuasive Strategy Selection by Female and Male Managers [J]. Management Communication Quarterly, 1990, 4 (1): 30-50.

[62] Hirst G D S, Holman M E, Spence I. Two Types of Neurones in the Myenteric Plexus of Duodenum in the Guinea-pig [J]. Journal of Physiology, 1974, 236 (2): 303-326.

[63] Holmstrom B. Pay without Performance and the Managerial Power Hypothesis: A Comment [J]. Journal of Corporation Law, 2004, 30: 703-713.

[64] Homar T, Van Wijnbergen S J G. Bank Recapitalization and Economic Recovery after Financial Crises [J]. Journal of Financial Intermediation, 2017, 32 (C): 16-28.

［65］ Horvitz B P M. Response of Distressed Firms to Incentives: Thrift Institution Performance under the FSLIC Management Consignment Program ［J］. Financial Management, 1993, 22 (3): 176-184.

［66］ Jalilvand M R, Vosta L N. Examining the Relationship Between Managerial Power and Affective Organizational Commitment ［J］. Sport, Business and Management: An International Journal, 2015, 5 (4): 344-364.

［67］ Jostarndt P, Sautner Z. Financial Distress, Corporate Control, and Management Turnover ［J］. Journal of Banking and Finance, 2008, 32 (10): 2188-2204.

［68］ Kaastra I, Boyd M. Designing a Neural Network for Forecasting Financial and Economic Time Series ［J］. Neurocomputing, 1996, 10 (3): 215-236.

［69］ Kang Q, Mitnik O A. Managerial Power and CEO Compensation in Financially Distressed Firms ［R］. Working Paper, 2012.

［70］ Koh S K, Durand R B, Dai L, et al. Financial Distress: Life-cycle and Corporate Restructuring ［J］. Journal of Corporate Finance, 2015, 33: 19-33.

［71］ Koyuncugil A S, Ozgulbas N. Donor Research and Matching System Based on Data Mining in Organ Transplantation ［J］. Journal of Medical Systems, 2010, 34 (3): 251-259.

［72］ Koyuncugil A S, Ozgulbas N. Financial early Warning System Model and Data Mining Application for Risk Detection ［J］. Expert Systems with Applications, 2012, 39 (6): 6238-6253.

［73］ Kuang X, Liu C. The Effects of Managerial Power on Debt Financing Choice—Evidence from Chinese Private Listed Companies ［C］. IEEE International Conference on Advanced Management Science, 2010.

［74］ Kuang Y F, Qin B. The Influence of Managerial Power on the Choice of Performance Targets in Incentive Contracts ［J］. Management Control & Accounting, 2012, 6: 42-46.

［75］ Kundid A, Ercegovac R. Credit Rationing in Financial Distress: Croatia SMEs' Finance Approach ［J］. International Journal of Law and Management, 2011,

53 (1): 62-84.

[76] Kurt Fanning K O C. Neural Network Detection of Management Fraud Using Published Financial Data [J]. Intelligent Systems in Accounting Finance & Management, 2015, 7 (1): 21-41.

[77] Lambert D M, Sterling J U. Corporate-Sponsored Research: An Opportunity for Educators [J]. Journal of Marketing Education, 1988, 10 (3): 20-28.

[78] Lawless M, O' Connell B, O' Toole C. SME Recovery Following a Financial Crisis: Does Debt Overhang Matter? [J]. Journal of Financial Stability, 2015, 19: 45-59.

[79] Lee T S, Yeh Y H. Corporate Governance and Financial Distress: Evidence from Taiwan [J]. Corporate Governance: An International Review, 2004, 12 (3): 378-388.

[80] Levinsohn J, Petrin A. Estimating Production Functions Using Inputs to Control for Unobservables [J]. Review of Economic Studies, 2010, 70 (2): 317-341.

[81] Levinsohn J, Petrin A. Estimating Production Functions Using Inputs to Control for Unobservables [J]. The Review of Economic Studies, 2003, 70 (2): 317-341.

[82] Lin B X, Lu R. Managerial Power, Compensation Gap and Firm Performance—Evidence from Chinese Public Listed Companies [J]. Global Finance Journal, 2009, 20 (2): 153-164.

[83] Liou D K, Smith G. Financial Distress and Corporate Turnaround: A Review of the Literature and Agenda for Research [J]. SSRN Electronic Journal, 2006, 13 (1): 74-114.

[84] Li S H. Research on Power-Grid Crisis Management and Online Intelligent Decision-making System of Power-grid Security [J]. Advanced Materials Research, 2014, 889: 1551-1554.

[85] Liu F, Peng Y. The effect of managerial power in executive compensation contracts [C] //2014 International Conference on Management Science & Engineer-

ing. 21th Annual Conference Proceedings, 2014: 857-866.

[86] Liu Q, Lu Z J. Corporate Governance and Earnings Management in the Chinese Listed Companies: A Tunneling Perspective [J]. Journal of Corporate Finance, 2007, 13 (5): 881-906.

[87] Liu Y, Jiraporn P. The Effect of CEO Power on Bond Ratings and Yields [J]. Journal of Empirical Finance, 2010, 17 (4): 744-762.

[88] Liu Y, Shuai C, Ding L. Financial Risks of Solar Photovoltaic Companies: Do Managerial Power and Ownership Concentration Really Matter? Empirical Evidence from China [J]. Journal of Renewable and Sustainable Energy, 2016, 8 (4): 045901.

[89] Lobo F C, Ramos P, Lourenco O. Causes of Financial Distress of Portuguese Municipalities: Empirical Evidence [J]. International Journal of Monetary Economics and Finance, 2011, 4 (4): 390-409.

[90] Lu R, Wei M, Li W. Managerial Power, Perquisite Consumption and the Efficiency of Property Right System: Evidence from Chinese Listed Companies [J]. Frontiers of Business Research in China, 2010, 4 (3): 360-379.

[91] Main B G M, O' Reilly C A, Wade J. The CEO, the Board of Directors and Executive Compensation: Economic and Psychological Perspectives [J]. Industrial and Corporate Change, 1995, 4 (2): 293-332.

[92] Mande V, Park Y K, Son M. Equity or Debt Financing: Does Good Corporate Governance Matter? [J]. Corporate Governance An International Review, 2012, 20 (2): 195-211.

[93] March J G. The Power of Power [M] //Pradigms of Political Power. New York: Routledge, 2017: 167-186.

[94] Markowitz H. The Utility of Wealth [J]. Journal of Political Economy, 1952, 60 (2): 151-158.

[95] Markus T A. Buildings and Power: Freedom and Control in the Origin of Modern Building Types [M]. Routledge, 2013.

[96] Mccarthy K J, Dolfsma W Understanding Mergers and Acquisitions in the

21st Century: A mutti-disciplinary approach [M] . Palgrave Macmillan, 2013.

[97] Medcof J W. Resource-based Strategy and Managerial Power in Networks of Internationally Dispersed Technology Units [J] . Strategic Management Journal, 2001, 22 (11): 999-1012.

[98] Melis A, Rombi L. Are Optimal Contracting and Managerial Power Competing or Complementary Views? Evidence from the Compensation of Statutory Auditors in Italy [J] . Corporate Governance, 2018, 26 (3): 197-218.

[99] Miller D, Bretonmiller I L. Family Governance and Firm Performance: Agency, Stewardship, and Capabilities [J] . Family Business Review, 2010, 19 (1): 73-87.

[100] Murphy K J. Explaining Executive Compensation: Managerial Power versus the Perceived Cost of Stock Options [J] . The University of Chicago Law Review, 2002, 69 (3): 847-869.

[101] Muth M, Donaldson L. Stewardship Theory and Board Structure: A Contingency Approach [J] . Corporate Governance An International Review, 1998, 6 (1): 5-28.

[102] Nishikawa T, Kim K A, Ferris S P, et al. Managerial Power in the Design of Executive Compensation: Evidence from Japan [J] . Advances in Financial Economics, 2007, 12 (7): 3-26.

[103] Nobre F S, Walker D S. An ability – based View of the Organization [J] . Growing Organization An International Journal, 2013, 18 (4): 333-345.

[104] Ohlson J A. Financial Ratios and the Probabilistic Prediction of Bankruptcy [J] . Journal of Accounting Research, 1980, 18 (1): 109-131.

[105] Olley G S, Pakes A. The Dynamics of Productivity in the Telecommunications Equipment Industry [J] . Econometrica, 1996, 64 (6): 1263-1297.

[106] Opler Tim, et al. The Determinants and Implications of Corporate Cash Holdings [J] . Journal of Financial Economics, 1999, 52 (1): 3-46.

[107] Pfeffer J. Power in Organizations [M] . Pitman Publishing, 1981.

[108] Platt H, Platt M. Risks to Auto Sector Recovery: Bankruptcies of Auto

Suppliers in East Asia and the USA [J] . Journal of Asia Business Studies, 2013, 7 (3): 231-243.

[109] Politis J D. The Influence of Managerial Power and Credibility on Knowledge Acquisition Attributes [J] . Leadership & Organization Development Journal, 2005, 26 (3): 197-214.

[110] Pombo C, Gutierrez L H. Corporate Governance of Banks: The Colombian Experience [M] //Kostyuk A, Takeda F, Hosono K. Anti-Crisis Paradigms of Corporate Governance in Banks: A New Institutional Outloo K Virtus Interpress, 2010.

[111] Qian M, Sun P W, Yu B. Top Managerial Power and Stock Price Efficiency: Evidence from China [J] . Pacific-Basin Finance Journal, 2018, 47: 20-38.

[112] Rabe W F. Managerial Power [J] . California Management Review, 1962, 4 (3): 31-39.

[113] Richardson Scott. Over-investment of Free Cash Flow [J] . Review of Accounting Studies, 2006, 11 (2): 159-189.

[114] Ronald H. C., Lars W. Contract Economics [M] . John Wiley & Sons, 1999.

[115] Rosenfeld C M. The Effect of Banking Relationships on the Future of Financially Distressed Firms [J] . Journal of Corporate Finance, 2014, 25: 403-418.

[116] Rossi S, Volpin P F. Cross-country Determinants of Mergers and Acquisitions [J] . Cepr Discussion Papers, 2004, 74 (2): 277-304.

[117] Schapery R A, Davidson B D. Prediction of Energy Release Rate for Mixed-Mode Delamination Using Classical Plate Theory [J] . Applied Mechanics Reviews, 1990, 43 (5): 4-15.

[118] Shao R, Chen C, Mao X. Profits and Losses from Changes in Fair Value, Executive Cash Compensation and Managerial Power: Evidence from A-share Listed Companies in China [J] . China Journal of Accounting Research, 2012, 5 (4): 269-292.

[119] Shetty Y K. Managerial Power and Organizational Effectiveness: A Contingency Analysis [J] . Journal of Management Studies, 1978, 15 (2): 176-186.

[120] Shleifer A, Jaffee D M. Costs of Financial Distress, Delayed Calls of Convertible Bonds, and the Role of Investment Banks [J]. The Journal of Business, 1990, 63 (1): 107-123.

[121] Skantz T R. CEO Pay, Managerial Power, and SFAS 123 (R) [J]. The Accounting Review, 2012, 87 (6).

[122] Solow R M. A Contribution to the Theory of Economic Growth [J]. The Quarterly Journal of Economics, 1956, 70 (1): 65-94.

[123] Solow R M. Technical Change and the Aggregate Production Function [J]. The Review of Economics and Statistics, 1957, 39 (3): 312-320.

[124] Soulsby A, Clark E. Organizational Restructuring and Change in Transition Societies: Dominant Coalitions and the Dynamics of Managerial Power and Politics [J]. Competition & Change, 2013, 17 (2): 176-196.

[125] Spence M. Competitive and Optimal Responses to Signals: An Analysis of Efficiency and Distribution [J]. Journal of Economic theory, 1974, 7 (3): 296-332.

[126] Stannard T, Guthrie G. Easy Money: Managerial Power and the Option Backdating Game Revisited [J]. Journal of Banking & Finance, 2020, 118: 105887.

[127] Stiglitz J E, Weiss A. Credit Rationing in Markets with Imperfect Information [J]. The American Economic Review, 1981, 71 (3): 393-410.

[128] Sudarsanam S, Lai J. Corporate Financial Distress and Turnaround Strategies: An Empirical Analysis [J]. British Journal of Management, 2001, 12 (3): 183-199.

[129] Tan M, Liu B. CEO's Managerial Power, Board Committee Memberships and Idiosyncratic Volatility [J]. International Review of Financial Analysis, 2016, 48 (C): 21-30.

[130] Van Essen M, Otten J, Carberry E J. Assessing Managerial Power Theory: A Meta-Analytic Approach to Understanding the Determinants of CEO Compensation [J]. Journal of Management, 2012, 41 (1): 164-202.

[131] VO T T N Canil J M. CEO Pay Disparity: Efficient Contracting or Managerial Power? [J]. Journal of Corporate Finance, 2019, 54 (C): 168-190.

[132] Wachter M L, Williamson O E. Obligational Markets and the Mechanics of Inflation [J]. The Bell Journal of Economics, 1978: 549-571.

[133] Walsh J P. Selectivity and Selective Perception: An Investigation of Managers' belief Structures and Information Processing [J]. Academy of Management journal, 1988, 31 (4): 873-896.

[134] Ward E A. Managerial Power Bases and Subordinates' Manifest Needs as Influences on Psychological Climate [J]. Journal of Business & Psychology, 1998, 12 (3): 361-378.

[135] Weisbach M S. Optimal Executive Compensation vs. Managerial Power: A Review of Lucian Bebchuk and Jesse Fried's Pay without Performance: The Unfulfilled Promise of Executive Compensation [J]. Journal of Economic Literature, 2007, 45 (2): 419-428.

[136] Wexley K N, Snell S A. Managerial Power: A Neglected Aspect of the Performance Appraisal Interview [J]. Journal of Business Research, 1987, 15 (1): 45-54.

[137] Whitaker R B. The Early Stages of Financial Distress [J]. Journal of Economics & Finance, 1999, 23 (2): 123-132.

[138] Winter S, Michels P. The Managerial Power Approach: Is it Testable? [J]. Journal of Management and Governance, 2019, 23 (3): 637-668.

[139] Witteloostuijn A V, Jansen T, Lier A V. Bargaining over Managerial Contracts in Delegation Games: Managerial Power, Contract Disclosure and Cartel Behavior [J]. Managerial & Decision Economics, 2010, 28 (8): 897-904.

[140] Wright M, Cressy R, Wilson N, et al. Financial Restructuring and Recovery in Private Equity Buyouts: The UK Evidence [J]. Venture Capital, 2014, 16 (2): 109-129.

[141] Yang S E, Huang L. Financial Crisis Warning Model based on BP Neural Network [J]. Systems Engineering-theory & Practice, 2005, 25: 12-19.

［142］Yeh Y H, Lee T S. Corporate Governance and Financial Distress：Evidence from Taiwan ［J］. Corporate Governance An International Review，2010，12 （3）：378-388.

［143］Yoshikawa T, Shim J W, Tuschke A. Which Board Interlocks Matter? The Impact of Managerial Power, Legitimacy, and Family Power on the Adoption of Stock Option Pay ［C］. Annual Meeting of the Society for the Advancement of Socio-Economics，2013.

［144］Yuan Y, Dai X. Managerial Power, Debts with Different Sources and Over Investment：Evidence from Chinese Listed Enterprises ［C］//International Conference on Service Systems & Service Management. IEEE，2016.

［145］Yuill B F. Evaluation of Departmental and Managerial Power ［J］. Asia Pacific Journal of Human Resources，2013，21 （3）：54-61.

［146］Zhang X, Tang G. , Lin Z. Managerial Power, Agency Cost and Executive Compensation-an Empirical Study from China ［J］. Chinese Management Studies，2016，10 （1）：119-137.

［147］Zhu Z. The Determination of Executive Compensation under the Managerial Power and the Behavioral Approaches：Evidence from the UK ［D］. University of Surrey，2015.

［148］白贵玉，徐鹏. 管理层权力、研发决策与企业成长——来自中国民营上市公司的经验证据 ［J］. 科技进步与对策，2019，36 （9）：110-117.

［149］白俊，连立帅. 国企过度投资溯因：政府干预抑或管理层自利? ［J］. 会计研究，2014 （2）：41-48，95.

［150］白重恩，刘俏，陆洲，等. 中国上市公司治理结构的实证研究 ［J］. 经济研究，2005 （2）：81-91.

［151］陈宏辉，贾生华. 企业利益相关者三维分类的实证分析 ［J］. 经济研究，2004 （4）：80-90.

［152］陈磊，任若恩. 公司财务危机动态预测比较研究 ［J］. 预测，2008 （6）：35-38.

［153］陈铃. 关于我国内部控制规范建设的思考 ［J］. 会计研究，2001

（8）：51-53.

［154］陈收，肖咸星，杨艳，等 . CEO 权力、战略差异与企业绩效——基于环境动态性的调节效应［J］. 财贸研究，2014，25（1）：7-16.

［155］陈艳利，赵红云，戴静静 . 政府干预、产权性质与企业脱困［J］. 经济学动态，2015（7）：80-90.

［156］陈震，汪静 . 产品市场竞争、管理层权力与高管薪酬—规模敏感性［J］. 中南财经政法大学学报，2014（4）：135-142.

［157］程晋烽，赵继新 . 公司治理和财务报告质量对投资效率影响的实证分析［J］. 统计与决策，2018，34（13）：181-184.

［158］崔一新 . 制造业上市公司财务困境化解内部影响因素实证研究［D］. 天津：天津工业大学，2018.

［159］邓汉慧，张子刚 . 企业核心利益相关者共同治理模式［J］. 科研管理，2006（1）：85-90.

［160］符刚 . 上市公司财务预警模型构建及应用——基于神经网络与 Kalman 滤波法的实证分析［C］//中国会计学会财务成本分会 2015 学术年会暨第 28 次理论研讨会论文集，2015：2-13.

［161］傅颀，汪祥耀，路军 . 管理层权力、高管薪酬变动与公司并购行为分析［J］. 会计研究，2014（11）：30-37，96.

［162］干胜道，胡明霞 . 管理层权力、内部控制与过度投资——基于国有上市公司的证据［J］. 审计与经济研究，2014，29（5）：40-47.

［163］高德良 . 山水水泥财务困境成因及其解困研究［D］. 南昌：南昌大学，2018.

［164］高文亮，罗宏，程培先 . 管理层权力与高管薪酬粘性［J］. 经济经纬，2011（6）：82-86.

［165］郭红彩 . 管理层权力对上市公司分红行为的影响——基于我国 A 股上市公司的经验证据［J］. 中南财经政法大学学报，2013（1）：137-143.

［166］郭强 . 企业中个人的绝对权力与企业衰败［J］. 管理世界，2001（1）：163-169，177.

［167］过新伟，胡晓 . CEO 变更与财务困境化解——基于 ST 上市公司"摘

帽"的实证研究 [J]. 首都经济贸易大学学报, 2012, 14 (3): 47-54.

[168] 何凡, 张欣哲, 郑珺. CEO 权力、CFO 背景特征与会计信息质量 [J]. 中南财经政法大学学报, 2015 (5): 108-116.

[169] 和丽芬, 朱学义, 王传彬. 内部控制质量与财务困境恢复——基于 2007 年~2011 年沪深 A 股 ST 公司数据 [J]. 经济经纬, 2014, 31 (1): 118-123.

[170] 胡明霞, 干胜道. 管理层权力、内部控制与高管腐败 [J]. 中南财经政法大学学报, 2015 (3): 87-93.

[171] 胡汝银. 经济与金融市场一体化: 制约因素与行动取向 [J]. 上海金融, 2006 (1): 4-7.

[172] 黄曼行, 任家华. 制度环境、股权结构与财务困境风险——来自我国民营上市公司的实证 [J]. 云南财经大学学报, 2014 (1): 131-137.

[173] 季伟伟, 陈志斌, 赵燕. 货币政策与企业财务困境风险变化 [J]. 上海经济研究, 2014 (5): 27-37.

[174] 姜伟皓. 财务困境企业恢复路径研究 [D]. 北京: 北京交通大学, 2017.

[175] 姜秀华, 任强, 孙铮. 上市公司财务危机预警模型研究 [J]. 预测, 2002, 21 (3): 56-61.

[176] 金洁. 股权特征与财务困境公司脱困关系实证研究 [J]. 财会通讯, 2014 (30): 55-57.

[177] 孔晨, 陈艳. 管理层权力、公司治理与盈余预测质量关系研究 [J]. 苏州大学学报 (哲学社会科学版), 2019, 40 (1): 95-105.

[178] 雷康弘, 文凤华. 公司治理结构特征与困境公司恢复——基于中国上市公司的实证研究 [J]. 财务与金融, 2014 (6): 54-63.

[179] 黎文靖, 卢锐. 管理层权力与会计信息质量——来自中国证券市场的经验证据 [J]. 山西财经大学学报, 2007 (8): 108-115.

[180] 李海霞, 王振山. CEO 权力与公司风险承担——基于投资者保护的调节效应研究 [J]. 经济管理, 2015, 37 (8): 76-87.

[181] 李丽君, 闫伟超, 孙世敏. 基于改进能量分析模型的生产核心型供应

链中制造商财务困境风险评估［J］．管理评论，2014，26（3）：167-176.

［182］李连华．公司治理结构与内部控制的链接与互动［J］．会计研究，2005（2）：20-21.

［183］李胜楠，牛建波．高管权力研究的述评与基本框架构建［J］．外国经济与管理，2014，36（7）：3-13.

［184］李小荣，董红晔，张瑞君．企业 CEO 权力影响银行贷款决策吗［J］．财贸经济，2015（7）：81-95.

［185］李洋，汪平，曹琴．社会网络视角下的管理层权力与高管薪酬粘性——基于董事联结的调节效应［J］．商业研究，2019（5）：98-108.

［186］李云，王菲菲，尹天祥．CEO 权力、审计委员会专业性与审计费用［J］．审计研究，2017（6）：91-98.

［187］梁慧婕．上市公司财务困境化解的影响因素研究［D］．青岛：青岛理工大学，2013.

［188］林芳，冯丽丽．管理层权力视角下的盈余管理研究——基于应计及真实盈余管理的检验［J］．山西财经大学学报，2012，34（7）：96-104.

［189］林钟高，陈曦．社会信任、内部控制重大缺陷及其修复与财务困境风险［J］．当代财经，2016（6）：118-129.

［190］刘飞虎，罗晓光．基于 PCA-RBF 神经网络的商业银行财务困境风险评价研究［J］．投资研究，2013（3）：88-97.

［191］刘星，徐光伟．政府管制、管理层权力与国企高管薪酬刚性［J］．经济科学，2012（1）：86-102.

［192］刘杨晖．管理层权力、高质量审计和盈余质量［D］．江西财经大学，2016.

［193］卢锐，魏明海，黎文靖．管理层权力、在职消费与产权效率——来自中国上市公司的证据［J］．南开管理评论，2008（5）：85-92，112.

［194］卢馨，吴婷，张小芬．管理层权力对企业投资的影响［J］．管理评论，2014，26（8）：168-180.

［195］马若微，魏琪瑛．公司治理因素对上市公司财务困境化解的影响研究［J］．北京工商大学学报（社会科学版），2015，30（3）：75-83.

［196］庞明，吴红梅．基于现金流的我国三大石油公司财务困境风险研究［J］．经济问题，2015（6）：125-128.

［197］庞绍楠．股权结构对我国财务困境公司摘帽的影响研究［D］．呼和浩特：内蒙古财经大学，2016.

［198］彭中文，李力，文磊．宏观调控、公司治理与财务困境风险——基于房地产上市公司的面板数据［J］．中央财经大学学报，2014，1（5）：52.

［199］权小锋，吴世农．CEO 权力强度、信息披露质量与公司业绩的波动性——基于深交所上市公司的实证研究［J］．南开管理评论，2010，13（4）：142-153.

［200］权小锋，吴世农，文芳．管理层权力、私有收益与薪酬操纵［J］．经济研究，2010，45（11）：73-87.

［201］盛明泉，车鑫．管理层权力、高管薪酬与公司绩效［J］．中央财经大学学报，2016（5）：97-104.

［202］宋素荣，于丽萍．上市公司财务危机预警的 Logistic 模型［J］．财会月刊，2006（29）：41-42.

［203］苏启林，申明浩．不完全契约理论与应用研究最新进展［J］．外国经济与管理，2005（9）：16-23.

［204］谭庆美，陈欣，张娜，等．管理层权力、外部治理机制与过度投资［J］．管理科学，2015，28（4）：59-70.

［205］谭庆美，魏东一．管理层权力与企业价值：基于产品市场竞争的视角［J］．管理科学，2014（3）：1-13.

［206］谭庆美，魏东一，董小芳．CEO 权力、产品市场竞争与盈余质量［J］．中央财经大学学报，2015（5）：54-63.

［207］唐学华，毛新述，郭李特．管理层权力与非效率投资——基于中国 A股市场的经验检验［J］．华东经济管理，2015，29（12）：128-133.

［208］田立龙．上市公司财务困境化解影响因素实证研究［D］．济南：山东财经大学，2015.

［209］王唤明，江若尘．利益相关者理论综述研究［J］．经济问题探索，2007（4）：11-14.

［210］王嘉歆，黄国良，高燕燕．企业生命周期视角下的 CEO 权力配置与投资效率分析［J］．软科学，2016，30（2）：79-82.

［211］王茂林，何玉润，林慧婷．管理层权力、现金股利与企业投资效率［J］．南开管理评论，2014，17（2）：13-22.

［212］王楠，苏杰，黄静．CEO 权力异质性视角下政府资助对创业板企业研发投入的影响研究［J］．管理学报，2017，14（8）：1199-1207.

［213］王清刚，胡亚君．管理层权力与异常高管薪酬行为研究［J］．中国软科学，2011（10）：166-175.

［214］王文艺．产品市场竞争、两职合一与财务困境化解研究［J］．现代经济信息，2018（8）：253.

［215］王雄元，何捷．行政垄断、公司规模与 CEO 权力薪酬［J］．会计研究，2012（11）：33-38，94.

［216］王烨，叶玲，盛明泉．管理层权力、机会主义动机与股权激励计划设计［J］．会计研究，2012（10）：35-41，95.

［217］位华．CEO 权力、薪酬激励和城市商业银行风险承担［J］．金融论坛，2012，17（9）：61-67.

［218］吴德胜，梁樑．概率神经网络在财务预警实证中的应用［C］//2003年中国管理科学学术会议论文集，2003：177-181.

［219］吴国鼎，张会丽．多元化经营是否降低了企业的财务困境风险？——来自中国上市公司的经验证据［J］．中央财经大学学报，2015（8）：94-101.

［220］吴卫华，万迪昉，吴祖光．CEO 权力、董事会治理与公司冒险倾向［J］．当代经济科学，2014，36（1）：99-107，127-128.

［221］吴武清，陈暮紫，黄德龙，等．系统风险的会计决定：企业财务困境风险、经营风险、系统风险的时变关联［J］．管理科学学报，2012，15（4）：71-80.

［222］吴作凤．管理层权力、产权性质与股权激励契约设计［J］．财经理论与实践，2014，35（6）：53-58.

［223］鲜文铎，向锐．基于混合 Logit 模型的财务困境预测研究［J］．数量经济技术经济研究，2007（9）：68-76.

［224］谢佩洪，汪春霞．管理层权力、企业生命周期与投资效率——基于中

国制造业上市公司的经验研究［J］．南开管理评论，2017，20（1）：57-66.

［225］谢盛纹，刘杨晖．高管权力、产权性质与盈余持续性［J］．华东经济管理，2015，29（12）：112-117.

［226］谢盛纹，田莉．CEO 权力、审计行业专长与税收激进度［J］．审计与经济研究，2014，29（5）：31-39.

［227］徐辉，唐文秀，周孝华．IPO 超募与过度投资：基于管理层权力与法制环境的实证研究［J］．科学决策，2019（3）：23-46.

［228］阎达五，杨有红．内部控制框架的构建［J］．会计研究，2001（2）：9-14，65.

［229］杨瑞龙，聂辉华．不完全契约理论：一个综述［J］．经济研究，2006（2）：104-115.

［230］杨淑娥，黄礼．基于 BP 神经网络的上市公司财务预警模型［J］．系统工程理论与实践，2005（1）：12-18，26.

［231］杨兴全，吴昊旻，曾义．公司治理与现金持有竞争效应——基于资本投资中介效应的实证研究［J］．中国工业经济，2015（1）：121-133.

［232］杨兴全，张丽平，吴昊旻．市场化进程、管理层权力与公司现金持有［J］．南开管理评论，2014，17（2）：34-45.

［233］姚冰湜，马琳，王雪莉，李秉祥．高管团队职能异质性对企业绩效的影响：CEO 权力的调节作用［J］．中国软科学，2015（2）：117-126.

［234］姚珊珊．高管变更、政治关联与财务困境化解［D］．西南交通大学，2017.

［235］姚珊珊，沈中华．政治关联、银行关系与财务困境化解——基于中国 ST 上市公司的经验研究［J］．财经问题研究，2016（9）：77-84.

［236］于富生，张敏，姜付秀，等．公司治理影响公司财务困境风险吗？［J］．会计研究，2008（10）：52-59.

［237］张安明．内部控制与公司治理研究［D］．厦门大学，2002.

［238］张继德，郑丽娜．集团企业财务风险管理框架探讨［J］．会计研究，2012（12）：50-54.

［239］张丽平，杨兴全．管理者权力、管理层激励与过度投资［J］．软科

学, 2012, 26 (10): 107-112.

[240] 张梦瑶. 高管特征与企业财务困境化解研究 [D]. 贵州财经大学, 2016.

[241] 张洽, 袁天荣. CEO 权力、私有收益与并购动因——基于我国上市公司的实证研究 [J]. 财经研究, 2013, 39 (4): 101-110, 122.

[242] 张铁铸, 沙曼. 管理层能力、权力与在职消费研究 [J]. 南开管理评论, 2014, 17 (5): 63-72.

[243] 张友棠, 黄阳. 基于行业环境风险识别的企业财务预警控制系统研究 [J]. 会计研究, 2011 (3): 144-145.

[244] 章铁生, 杨洋, 许锐. 产权配置、内部控制质量与企业财务困境风险化解 [J]. 北京工商大学学报 (社会科学版), 2018, 33 (2): 73-83.

[245] 赵丽琼, 柯大钢. 我国财务困境公司恢复过程预测研究 [J]. 统计与决策, 2008 (14): 139-142.

[246] 赵文雪. 企业财务困境风险化解机制研究 [D]. 安徽工业大学, 2017.

[247] 赵息, 张西栓. 内部控制、高管权力与并购绩效——来自中国证券市场的经验证据 [J]. 南开管理评论, 2013, 16 (2): 75-81.

[248] 周冬华, 赵玉洁. CEO 权力、董事会稳定性与管理层业绩预告 [J]. 当代财经, 2013 (10): 118-129.

[249] 周虹, 李端生. 高管团队异质性、CEO 权力与企业内部控制质量 [J]. 山西财经大学学报, 2018, 40 (1): 83-95.

[250] 周辉仁, 郑丕谔, 王嵩, 等. 基于粒子群优化算法的 LS-SVM 财务预警 [J]. 计算机工程, 2009, 35 (10): 280-282.

[251] 周建, 许为宾, 余耀东. 制度环境、CEO 权力与企业战略风格 [J]. 管理学报, 2015, 12 (6): 807-813.

[252] 周美华, 林斌, 林东杰. 管理层权力、内部控制与腐败治理 [J]. 会计研究, 2016 (3): 56-63, 96.

[253] 朱卫平, 陈林. 产业升级的内涵与模式研究——以广东产业升级为例 [J]. 经济学家, 2011 (2): 60-66.